Pareys
bunte
Gartentips

Barbara Elers

So gärtnert man biologisch

Der biologische Obst-, Gemüse- und
Ziergarten im Jahreslauf

Mit 31 Farbabbildungen, 45 Zeichnungen
und 15 tabellarischen Übersichten

Verlag Paul Parey · Berlin und Hamburg

CIP-Titelaufnahme der Deutschen Bibliothek

Elers, Barbara:
So gärtnert man biologisch : der biologische Obst-, Gemüse- und Ziergarten im Jahreslauf / Barbara Elers. –
Berlin ; Hamburg : Parey, 1990
(Pareys bunte Gartentips)
ISBN 3-489-61424-0

Abbildungsnachweis:
Fotos: Elmar Stamm (S. 42, 45, 77, 79 u. 85), H. D. Warda (S. 17) und Axel Grambow
Zeichnungen: Marianne Merz und Julia Westhoff

© 1990
Verlag Paul Parey, Berlin und Hamburg.
Anschriften:
Lindenstraße 44–47, D-1000 Berlin 61;
Spitalerstr. 12, D-2000 Hamburg 1

ISBN 3-489-61424-0 Printed in Germany

Schrift:
Times u. Kabel (Siemens-Satzsystem Diacos)

Umschlag:
Buchholz/Hinsch/Heusinger,
D-2000 Hamburg 73, unter Verwendung eines Fotos von Axel Grambow

Satz und Druck:
Druckerei Georg Appl,
D-8853 Wemding

Bindung:
Buchbinderei Bruno Helm,
D-1000 Berlin 30

Vorwort

Aus der Einsicht, daß es nicht ausreicht, immer nur Umweltschutz zu fordern, wurde dieses Buch als Hilfe für diejenigen geschrieben, die zu Taten im eigenen Garten schreiten wollen. Es verändert sich nur etwas, wenn jeder Einzelne in seinem Bereich schon einmal anfängt. Man kann mit etwas gutem Willen im Garten ohne leichtlösliche Mineraldünger und chemischen Pflanzenschutz arbeiten. Da es aber mit dem Weglassen allein nicht getan ist, habe ich meine Erfahrungen zusammengetragen, die aus jahrelangem ökologischen Gärtnern im eigenen Garten hervorgegangen sind. Hinzu kommen meine Kenntnisse, die ich als Leiterin eines biologisch wirtschaftenden Gemüsebaubetriebes erworben habe. Außerdem sind in dieses Buch die Erfahrungen vieler anderer biologisch arbeitender Hobbygärtner eingeflossen, allen voran, die meiner Mutter.

Zusätzlich habe ich versucht, dasjenige, was heute schon aus dem Bereich der Pflanzenbauwissenschaften für diesen Bereich an Erkenntnissen vorhanden ist, mit der praktischen Erfahrung zu verknüpfen. Daher beginnt dieses Buch mit den Grundlagen für das Pflanzenwachstum. Daran schließen sich die Grundlagen für den ökologischen Anbau an und zum Schluß wird die Gartenarbeit im Jahreslauf besprochen, damit jeder schnell das für den Monat Notwendige nachlesen kann.

Wettmar 1990   Barbara Elers

Inhalt

1
Grundlagen und Methoden biologischen Gärtnerns

Im Rahmen eines wachsenden Umweltbewußtseins und dem damit einhergehenden Blick auf eine gesunde Ernährung besinnen sich viele Gartenbesitzer wieder auf ihr Stückchen Land.

Sie beginnen, die Flächen für den Anbau von Gemüse und Obst für die eigene Küche auf Kosten des Ziergartens auszudehnen. Sie befassen sich mit Möglichkeiten des biologischen Anbaus, um selber zu einer gesunden Umwelt und damit verbunden, auch zu weniger belasteten Nahrungsmitteln beizutragen.

Damit wir uns gut auf unsere Arbeiten im biologischen Garten vorbereiten können und damit wir die Besonderheiten unserer Arbeitsweise gegenüber herkömmlichen, konventionellen Methoden besser einzuordnen wissen, wollen wir uns zunächst mit den unterschiedlichen Denk- und Handlungsweisen des konventionellen und alternativen Pflanzenbaues beschäftigen. Das setzt voraus, daß wir uns einmal etwas genauer mit dem heutigen Kenntnisstand

über Pflanzenwachstum, Boden und Klima, die Ernährung der Pflanze, und mit dem Pflanzenschutz vertraut machen.

Bedeutung der Photosynthese

Voraussetzung für jedes Pflanzenwachstum und damit Grundlage für die Ernährung von Mensch und Tier ist die Photosynthese. Als Photosynthese bezeichnet man den Prozeß, durch den die Pflanze mit Hilfe des Sonnenlichtes aus Kohlendioxid (CO_2) und Wasser Zucker bildet und dabei Sauerstoff freisetzt. Notwendig ist dafür die Anwesenheit des grünen Blattfarbstoffes Chlorophyll. Aus dem Zucker als Grundstoff werden dann alle anderen Pflanzenstoffe gebildet. Viele von ihnen sind für das Pflanzenwachstum unentbehrlich, das in einem komplizierten Zusammenspiel

◄

Motor des Wasser– (1), Nährstoff- (2) und Kohlenstoffkreislaufes (3) ist die Sonne.

1 Wasserkreislauf: Niederschläge; Aufnahme durch die Wurzeln, Wassertransport in der Pflanze; Wasserabgabe über die Blätter (Transpiration) oder Verdunstung durch den Boden (Evaporation)

2 Nährstoffkreislauf: Aufnahme der Nährelemente (N, P, K, Ca, Mg und Spurenelemente) durch die Wurzeln; Funktion im Stoffwechsel der Pflanze; Blattfall; Freisetzung der Nährelemente nach Abbau der organischen Substanz (Mineralisierung)

3 Kohlenstoff-Kreislauf: Aufnahme von Kohlendioxid (CO_2) durch die Blätter; CO_2-Assimilation (Photosynthese); Transport der Assimilate (Zucker, Aminosäuren etc.) in alle Teile der Pflanze; Freisetzung von CO_2 durch Abbau organischer Substanz im Boden oder durch Veratmung von Assimilaten durch die Pflanze selbst bzw. durch Mensch und Tier

von Boden, Klima und belebter Welt stattfindet.

Was ist Boden

Die Eigenschaften des Bodens sind bestimmt durch das Gestein, aus dem er entstanden ist und durch das Klima sowie die Pflanzendecke, unter der er sich entwickelt. Durch die Bewirtschaftung kann er verändert werden. So ist der Boden unter einem Waldbestand anders als unter einer Wiese oder unter einer Ackerfläche.

Man kann die Böden nach ihren chemischen, physikalischen und biologischen Eigenschaften unterteilen. Zum Beispiel aufgrund der Verteilung der Korngrößen (Ton-Sand-Kies), des Humusgehaltes (gering – hoch), der Speicherfähigkeit für Wasser und Nährstoffe und des pH-Wertes (sauer-neutral-alkalisch). So gibt es leichte Böden mit einem hohen Anteil grober Körner (Sand) und fehlendem Anteil feiner Körner (Ton, Schluff). Diese Sandböden besitzen ein geringes Nährstoff- und Wasserhaltevermögen, sie lassen sich aber leicht bearbeiten. Sie trocknen schnell ab und erwärmen sich rasch.

Schwere Böden, wie Lehm- und Tonböden, mit einem hohen Anteil sehr feiner Bodenteilchen (Ton, Schluff) speichern Wasser und Nährstoffe gut, lassen sich aber schwer bearbeiten und können vor allem in regenreichen Zeiten Probleme mit sich bringen.

Alle Böden können mehr oder weniger hohe Humusgehalte aufweisen (weniger als 1% = humusarm, 1–2% = schwach humos, 2–4% = mäßig humos, 4–8% = stark humos).

Unter Humus versteht man die Gesamtheit der organischen Substanz im Boden. Diese setzt sich aus Streustoffen und Huminstoffen zusammen. Zu den Streustoffen gehören oberirdisch abgestorbene Pflanzen, tote Wurzeln sowie tote Bodenorganismen und ihre Bestandteile. Huminstoffe sind die von den Bodenorganismen umgewandelten organischen Substanzen.

Der Humusgehalt eines Bodens fördert dessen Strukturstabilität durch das Verkleben einzelner Bodenbestandteile. Erosion ist nicht mehr so leicht möglich. Außerdem fördert er das Speichervermögen für Wasser und Nährstoffe und erleichtert die Bodenbearbeitung. Kulturfehler werden auf humusreichen Böden leichter ausgeglichen.

Bedeutung von Wasser, Temperatur und Licht

Das Klima eines Landschaftsraumes wird bestimmt durch die Höhe und Verteilung der Niederschläge, den Temperaturverlauf sowie durch Licht- und Windverhältnisse.

▶ Höhe und Verteilung der Niederschläge in einem Gebiet geben Hinweise auf die Wasserversorgung der Pflanzen. Eine ausreichende Wasserversorgung ist für ein gutes Pflanzenwachstum unentbehrlich. Immerhin bestehen 75–90% der Pflanzensubstanz aus Wasser. Sowohl Wassermangel als auch Vernässung bewirken bei den Pflanzen Welkeerscheinungen. Schon der Samen benötigt zur Quellung und Keimung Wasser. In der Pflanze dient das Wasser u. a. der Aufnahme und dem Transport von Nährstoffen sowie dem Transport der im Photosyntheseprozeß entstandenen Assimilate (Zucker, u. a.). Um 1 kg Trockenmasse zu produzieren, benötigt eine Pflanze 300–600 l Wasser.

Wasserüberschuß bewirkt die Entwicklung von lockerem Pflanzengewebe sowie eine geringe Wurzel- und verstärkte Sproßbildung. Es besteht die Gefahr, daß die Früchte platzen und die Pflanze durch das weiche Gewebe krankheitsanfälliger wird.

Wassermangel andererseits bewirkt ein schwaches Pflanzenwachstum, das mit einer frühen Blüte (Notreife), einem hohen Trockensubstanzgehalt und strengem Geschmack verbunden ist.

Das Wasser beeinflußt auch das Kleinklima durch Luftfeuchtigkeit und Verdunstungskälte. Bei Wassermangel kann gegossen oder beregnet werden. Wasserüberschuß ist schwerer zu begegnen, z. B. Einbau einer Dränage.

▶ Alle Lebensvorgänge sind temperaturabhängig. Zu niedrige und zu hohe Temperaturen können zum Ruhen des Lebens führen und sogar zu dessen Schädigung. Für jede Pflanzenart kann ein für das Wachstum optimaler Temperaturbereich ermittelt werden. Neben den Wachstums- können auch Entwicklungsvorgänge der Pflanzen durch Temperaturen bestimmt werden. So können niedrige Temperaturen bewirken, daß eine Pflanze schoßt und Blüten bildet oder daß eine Ruheperiode eingelegt oder beendet (gebrochen) wird.

▶ Die Notwendigkeit des Lichtes für die Photosynthese und damit Stoffproduktion wurde schon angesprochen. Aber auch für die Wuchsform der Pflanzen spielt es eine Rolle. Unter günstigen Lichtverhältnissen bleiben die Pflanzen kurz und zeigen eine dunkelgrüne Blattfärbung. Fehlt es an Licht, werden sie lang, haben weiches Gewebe und bleiben hellgrün, man sagt sie »vergeilen«.

Wie die Temperatur, so beeinflußt auch das Licht nicht nur die Wachstums-, sondern auch die Entwicklungsvorgänge der Pflanzen. Dieses geschieht über die Tageslänge. Durch sie kann die Blütenbildung eingeleitet (Blüteninduktion) oder verhindert werden. Das gleiche gilt für die Ausbildung anderer Pflanzenorgane und die Einleitung von Ruhephasen. Man unterscheidet Langtagprozesse, die durch das Überschreiten einer kritischen Tageslänge ausgelöst werden und Kurztagprozesse, bei denen eine kritische Tageslänge unterschritten werden muß.

Licht ist ohne Wärme nicht zu denken, vor allem in den Übergangszeiten von Frühjahr und Herbst, wo es besonders auffällig ist, daß Sonnenstrahlen nicht nur ein Mehr an Licht, sondern auch an Wärme bringen.

Die Wachstumsfaktoren, zu denen neben Wasser, Temperatur und Licht auch die Pflanzennährstoffe zählen, müssen für ein optimales Pflanzenwachstum im Gleichgewicht miteinander sein. Die Wirkung aller Wachstumsfaktoren zusammen, richtet sich nämlich nach dem der im Minimum verfügbar ist. Erhalten die Pflanzen z. B. wenig Licht, wie in unseren Breitengraden in den Wintermonaten, kann man das Gleichgewicht mit den anderen Faktoren dadurch herstellen, daß man für eine Zusatzbelichtung sorgt, oder die Höhe der anderen reduziert, d. h. in diesem Fall die Temperatur absenkt und die Wasser- und Nährstoffgaben verringert.

Solche Möglichkeiten, in die von der Natur gegebenen Bedingungen steuernd einzugreifen, hat man in geringem Umfang in der Wohnung, oder, wenn man ein Gewächshaus zur Verfügung hat.

Welche Nährstoffe benötigt die Pflanze

Analysiert man die Pflanze auf ihre Grundbausteine hin, stellt sich heraus, daß an ihrem Aufbau hauptsächlich folgende Stoffe beteiligt sind (chemische Symbole in Klammern): Nichtmetalle: Kohlenstoff (C), Sauerstoff (O), Wasserstoff (H), Stickstoff (N), Schwefel (S), Phosphor (P) und Bor (B); Metalle: Kalium (K), Kalzium (Ca), Magnesium (Mg), Eisen (Fe), Mangan (Mn), Kupfer (Cu), Zink (Zn) und Molybdän (Mo).

Es lassen sich je nach Pflanzenart und Standort in unterschiedlichen, z. T. sehr geringen Mengen, auch noch andere Stoffe nachweisen, ja es gibt sogar kaum einen Stoff, der noch nicht in der Pflanze gefunden wurde. Als Pflanzennährstoffe werden aber nur die Stoffe bezeichnet, die für das Wachstum und die normale Entwicklung der Pflanzen notwendig sind, und in ihrer Funktion von keinem anderen Stoff ersetzt werden können. Dieses sind die oben aufgeführten Metalle und Nichtmetalle. Bis auf Kohlenstoff und Sauerstoff, die in Form von Kohlendioxid (CO_2) und O_2 durch die Blätter aus der Luft aufgenommen werden, nimmt die Pflanze alle anderen Stoffe hauptsächlich über die Wurzeln aus dem Boden auf.

▶ Stickstoff kann man auch als den Treibstoff des Pflanzenwachstums bezeichnen. Er wird meist in Form von Nitrat (NO_3^-) oder als Ammonium (NH_4^+) aufgenommen. Er fördert das Trieb- und Blattwachstum. Eine gute bis reichliche Stickstoff-Versorgung ist an den dunkelgrünen Blättern zu erkennen. Sie bewirkt, daß die Pflanzen »mastig« werden (lockeres Gewebe und hoher Wassergehalt) und fördert die Frühzeitigkeit und den Mengenertrag. In der Pflanze dient der Stickstoff u. a. dem Aufbau von Eiweiß. Ein Stickstoffüberschuß kann die

Pflanzenqualität verschlechtern. Er verzögert die Blütenbildung und fördert die Krankheitsanfälligkeit.

Stickstoffmangel bewirkt die Entwicklung kleiner, kümmerlicher, aufrecht stehender Pflanzen. Die Blätter weisen eine hellgelbe, fahle Färbung auf. Diese Verfärbung beginnt bei den älteren Blättern, da Stickstoff in der Pflanze gut beweglich ist und bevorzugt zu den Triebspitzen wandert. Aus dem Boden wird Stickstoff in Form von Nitrat leicht ausgewaschen.

▶ Phosphor fördert die Wurzel-, Blüten- und Samenbildung. Er wird in Form von $H_2PO_4^-$ oder HPO_4^{2-} Ionen aufgenommen, fördert die Reife der Pflanzen, verkürzt dadurch die Wachstumsperiode und verbessert den Geschmack. Darüber hinaus hat er entscheidende Bedeutung für den Energie- und Eiweißstoffwechsel der Pflanzen.

Phosphormangel ähnelt, was das Wachstum und die Ausbildung von Seitentrieben und Wurzeln anbetrifft, dem Stickstoffmangel. Die Blätter zeigen allerdings eine schmutziggrüne Farbe mit zunehmenden Rottönen.

Phosphor ist im Boden schwer beweglich und wird schnell an verschiedene Bodenbestandteile gebunden. Er ist dann häufig schlecht pflanzenverfügbar. In der Pflanze ist er ähnlich gut beweglich wie der Stickstoff, wodurch Mangelsymptome zuerst an älteren Blättern auftreten.

▶ Kalium fördert die Standfestigkeit und Widerstandsfähigkeit der Pflanzen ebenso wie deren Winterhärte. Es wird in Form von K^+ Ionen aufgenommen. Kalium verbessert den Wasserhaushalt der Pflanze. Es steigert den Geschmack und die Haltbarkeit der Früchte. Außerdem spielt es eine Rolle bei der Aktivierung mancher Enzyme in der Pflanze.

Kalimangel macht sich durch die »Welketracht« bemerkbar. Die Pflanzen vermitteln insgesamt einen schlaffen Eindruck. Die älteren Blätter zeigen Aufhellungen, die am Blattrand beginnen. Kalium ist in der Pflanze gut beweglich und im Boden wird es meist gut pflanzenverfügbar gebunden.

▶ Kalzium dient in der Pflanze u. a. dem Aufbau der Zellwände und trägt daher zur Festigkeit des Pflanzengewebes bei. Außerdem hat es

Einfluß auf die Zellstreckung, das Wurzelwachstum, die Befruchtung der Blüten und die Ausbildung sowie Lagerfähigkeit der Früchte. Es wird in Form von Ca^{2+} Ionen aufgenommen.

Kalziummangel verursacht beim Apfel Stippigkeit, bei Kopfsalat, Chinakohl und anderen Kohlarten Innenblattnekrosen und bei der Tomate Blütenendfäule. Kalzium ist in der Pflanze schlecht beweglich, weshalb Mangelsymptome zuerst an jungen Pflanzenteilen auftreten.

Außer seiner direkten Wirkung auf die Pflanzen hat Kalzium eine besondere Bedeutung für den Boden. Es erhöht den pH-Wert und verhindert so das Versauern des Bodens. Darüber hinaus sorgt es für eine gute Krümelstruktur, die das Pflanzenwachstum begünstigt und die Bearbeitung des Bodens erleichtert.

Neben diesen Hauptnährstoffen gibt es noch eine Reihe anderer (siehe oben), die je nach Pflanzenart in unterschiedlicher Menge und Zusammensetzung benötigt werden. Besonders erwähnenswert sind Magnesium und die Spurennährstoffe Eisen, Molybdän und Bor.

Man geht heute im konventionellen Pflanzenbau davon aus, daß die Pflanzen über gezielte Düngungsmaßnahmen optimal mit Nährstoffen versorgt werden. Der genaue Nährstoffbedarf wird aus der Nährstoffmenge im Ernteprodukt und den Ernterückständen ermittelt. Da im Boden selber bis zu einem gewissen Grad pflanzenverfügbare Nährstoffe vorhanden sind, sollte aber stets nur noch die Differenzmenge zum Bedarf zugedüngt werden. Den Gehalt des Bodens an pflanzenverfügbaren Nährstoffen kann man über Bodenanalysen ermitteln.

Auch wenn wir als Biogärtner diesen Düngungsmethoden nicht folgen wollen, sollte doch eines auch uns klar sein, nämlich, daß die Pflanzen keinen Humus »fressen«, sondern die oben erwähnten Nährstoffe nach Zersetzung organischer Substanz oder nach Freisetzung aus anorganischen Bodenbestandteilen in Form von positiv (K^+, Ca^{2+} usw.) oder negativ (NO_3^-, $H_2PO_4^-$ usw.) geladenen anorganischen Ionen aufnehmen. Schließlich ist die Pflanze das einzige Lebewesen, das aus energiearmer anorganischer Substanz mit Hilfe des

Sonnenlichts energiereiche organische Substanz herstellen kann. Tier und Mensch leben direkt oder indirekt von dieser Pflanzensubstanz und bauen sie zur Energiegewinnung wieder ab. Sozusagen nebenher sorgt die Pflanze während der Assimilatproduktion dann auch noch für die Nachlieferung von Sauerstoff an die Atmosphäre, der für die Energiegewinnung aus der organischen Substanz für die meisten Lebewesen unverzichtbar ist.

Was ist Pflanzenschutz

Durch Pflanzenschutzmaßnahmen sollen Schäden an Pflanzen verhindert werden. Pflanzenschäden können durch folgende Einflüsse entstehen:

▶ Nichtparasitäre Faktoren: Zu diesen gehören Einflüsse der Witterung wie Frost und Hitze. Einflüsse des Bodens wirken über seine Struktur, seinen Humusgehalt, seine Wasserführung und seinen pH-Wert, Nährstoffmangel oder -überschuß. Außerdem gehören dazu schädliche Abgase und andere Immissionen und falsch angewendete oder noch nicht erprobte Pflanzenschutzmittel. Die nichtparasitären Faktoren, zu denen man auch Kulturfehler rechnen muß, können unmittelbar zu Pflanzenschäden führen oder indirekt, indem sie die Anfälligkeit der Pflanzen gegenüber parasitären Faktoren erhöhen.

▶ Parasitäre Faktoren: Zu diesen gehören tierische Schädlinge, wie manche Insekten, Milben und Fadenwürmer, aber auch Schnecken, sowie manche Vögel und Nagetiere. Weitere parasitäre Faktoren sind die Krankheitserreger aus der Gruppe der Pilze, Bakterien und Viren. Auch Unkräuter werden herkömmlich dazugerechnet. Das geschieht deshalb, weil Unkräuter sowohl Zwischenwirte für verschiedene Schadorganismen sein können als auch mit den Kulturpflanzen in Konkurrenz um die Wachstumsfaktoren treten. Pflanzenschutz wird betrieben, um Ertragsverluste zu vermeiden, die äußere und innere Produktqualität zu erhalten und arbeitswirtschaftliche Erleichterungen bzw. Einsparungen zu erzielen (wie z. B. durch die chemische Unkrautbekämpfung).

Die Maßnahmen, die zum Schutz der Pflanzen ergriffen werden, können in indirekte und direkte unterteilt werden.

▶ Unter indirekten Pflanzenschutzmaßnahmen versteht man alles, was dazu dient, die Wahrscheinlichkeit für einen Befall zu mindern. Dazu gehören im wesentlichen alle herkömmlichen Kukturmaßnahmen und pflanzenhygienisch vorbeugende Maßnahmen. Eine Pflanze, die unter optimalen Kulturbedingungen wächst, ist physiologisch gesund und kann dadurch Schwächeparasiten abwehren und eventuell tierischen Schädlingen davonwachsen.

▶ Zu den direkten Pflanzenschutzmaßnahmen gehören solche physikalischer Natur, wie z. B. die mechanische Unkrautbekämpfung, Bodenentseuchung mittels Wasserdampf, das Aufstellen von Fallen, Warmwasserbehandlung von Zwiebeln und akustische Verfahren zur Vogelabwehr. Es gibt biologische Maßnahmen, wie das gezielte Aussetzen von Nützlingen, die im Rahmen des integrierten Pflanzenschutzes zunehmend an Bedeutung gewinnen. Außerdem gibt es chemische Verfahren, d. h. die direkte Anwendung amtlich zugelassener synthetischer chemischer oder natürlicher Pflanzenschutzmittel.

Das reichhaltige Angebot dieser Mittel kann dazu führen, diesen die Priorität bei der Bekämpfung einzuräumen und darüber die anderen Maßnahmen zu vernachlässigen.

Die eben besprochenen Methoden der Düngung mit mehr oder weniger leicht löslichen Mineralsalzen und die Anwendung synthetischer Pflanzenschutzmittel sind in den letzten Jahren aus den verschiedensten Gründen immer mehr in Verruf geraten. Andererseits gibt es Landwirtschafts- und Gartenbaubetriebe, die z. T. schon seit Jahrzehnten erfolgreich ohne diese Hilfsmittel wirtschaften. So erscheint es berechtigt und erfolgversprechend, sich einmal mit diesen Methoden näher zu befassen.

Biologisch-dynamisch oder organisch-biologisch

Üblicherweise werden die Methoden der eben erwähnten Betriebe unter dem Begriff des alternativen, biologischen oder ökologischen Anbaus zusammengefaßt. Tatsächlich verbergen sich jedoch unter diesem Sammelbegriff verschiedene Anbaurichtungen. Die Richtungen, die in der Bundesrepublik Deutschland die größte Bedeutung haben, sind der biologisch-dynamische und der organisch-biologische Anbau. In England überwiegt die Methode Howard-Balfour, in Frankreich die Methode Lemaire-Boucher. Die letzten beiden sind jeweils nach ihren Begründern benannt.

Gemeinsamkeiten alternativer Methoden: Alle Richtungen bemühen sich um eine ganzheitliche Lebensbetrachtung. Es wird eine Einheit von Boden, Pflanze, Tier und Betrieb angestrebt. Dabei sollten gewaltsame Störungen der natürlichen Stoff- und Energiekreisläufe vermieden werden. Als Maxime des Handelns gilt die Ehrfurcht vor der Natur und dem Lebendigen.

Bei der Düngung wird auf synthetischen Stickstoff und andere leichtlösliche Mineraldünger verzichtet. Die Nährstoffversorgung der Pflanzen geschieht über eine Förderung bodenbiologischer Prozesse durch regelmäßige Zufuhr organischer Substanz. Es werden nicht die Pflanzen direkt ernährt, sondern die Bodenlebewesen. Sie sorgen dann durch den Abbau und durch Mineralisierung organischer Substanz für die Bereitstellung der für das Pflanzenwachstum unentbehrlichen Nährsalze. Die Ausrichtung aller Maßnahmen auf die Pflege und Erhaltung eines biologisch aktiven Bodens ist das Hauptmerkmal aller alternativer Anbaurichtungen.

So sollte auch die Bodenbearbeitung möglichst schonend erfolgen, wobei soweit wie möglich auf Tiefpflügen (bzw. umgraben) verzichtet wird. Beim Pflanzenschutz wird die Anwendung synthetischer Pflanzenschutzmittel abgelehnt. Statt dessen steht die Stärkung der Widerstandskraft der Pflanzen im Vordergrund. Dazu gehört auch der Verzicht auf anfällige Hochleistungssorten. Außerdem werden natür-

liche Regulationsmechanismen im Ökosystem gefördert und genutzt. Das führt zu einer vielfältigen Fruchtfolge und landschaftspflegerischen Maßnahmen wie Heckenpflanzungen. Angestrebt wird eine vielseitige Anbau- und Betriebsstruktur.

Unterschiede: Der grundlegende Unterschied zwischen der biologisch-dynamischen und den anderen alternativen Anbaumethoden besteht darin, daß der biologisch-dynamischen Wirtschaftsweise das Menschen- und Weltbild der Anthroposophie Rudolf Steiners zugrunde liegt. Das bedeutet unter anderem, daß die auf das Pflanzenwachstum wirkenden Kräfte auch im Kosmos bei Planeten und Tierkreis gesucht werden. Das führt dazu, daß auf eine spezielle Art hergestellte Präparate zur Düngung und Förderung des Pflanzenwachstums verwendet werden.

Der grundlegende theoretische Unterbau, der von Dr. Müller entwickelten organisch-biologischen Methode, wurde von Dr. Rusch errichtet. Er stellte nach umfangreichen Untersuchungen die Hypothese vom Kreislauf der lebendigen Substanz auf. Begründet durch seine Untersuchungen liegt das Schwergewicht dieser Methode bei der Bodenpflege.

In der praktischen Durchführung sind die Gemeinsamkeiten aller Methoden größer als die Unterschiede.

Für denjenigen, der seinen Beitrag zum Umweltschutz leisten will, indem er auf leichtlösliche Mineraldünger und chemischen Pflanzenschutz in seinem Garten verzichtet, werden im folgenden die Grundzüge für einen biologischen Gartenbau beschrieben. Mit dem Weglassen bestimmter Mittel allein ist es ja — wie schon erwähnt — nicht getan.

2
Die Praxis des biologischen Gärtnerns

Bodenbearbeitung

Voraussetzung für ein gesundes Pflanzenwachstum ist ein guter Boden. Angestrebt wird eine humusreiche, dunkle, krümelige und fruchtbare Erde. Dieses wird unter anderem dadurch erreicht, daß die Vielfalt der Lebewesen im Boden gefördert wird. Je mehr sich der Boden dem Idealzustand nähert, desto leichter wird die Arbeit des Gärtners. Ein humusreicher, lebendiger Boden sollte nicht mehr umgegraben, sondern nur noch gelockert werden. Durch das Umgraben besteht die Gefahr, daß die Schicht mit dem größten Bodenleben in den Untergrund gerät und dafür totes Material von unten heraufgeholt wird.

Das Bodenlockern geschieht im Frühjahr und Herbst je einmal mit der Grabegabel. Dazu wird diese senkrecht in den Boden gestochen und dann leicht vor und zurück bewegt.

Hat man einen Boden, der mehr mineralischen und weniger organischen Anteil besitzt, also einen schweren Lehm- oder Tonboden, ist es notwendig, im Herbst umzugraben. Man läßt dann den umgegrabenen Boden über Winter in grober Scholle liegen. Der Frost kann die Schollen in Krümel zersprengen (Frostgare).

Zur Saat- und Pflanzbeetvorbereitung reicht das Lockern mit einem Krail oder einem Sauzahn. Mit dem Sauzahn zieht man in diagonalen Linien über das Beet, wobei die Möglichkeit genutzt wird, die Beete in beiden diagonalen Richtungen zu bearbeiten. Der Krail hat eine Wirkung wie die Harke, nur daß er tiefer lockern kann, da die Zinken länger sind.

Düngung

Daß wir auf der Erde nicht in Bergen abgestorbenen Pflanzenmaterials, tierischer Exkremente und Kadaver ersticken, verdanken wir einer Unzahl kleiner bis winziger Lebewesen, die ihren Lebensbereich im und eben über dem Boden haben und deren Nahrung aus den oben angesprochenen Stoffen besteht. Sie sorgen dafür, daß jeder abgestorbene Körper zerkleinert, in seine Bestandteile aufgelöst und anschließend zu Erde verwandelt wird. Dabei produzieren sie noch für die Boden- und Pflanzengesundheit wichtige Stoffe wie Antibiotika, Vitamine u. ä.

Dieses Bodenleben zu ernähren und zu erhalten, ist das Hauptanliegen der Düngung im biologischen Garten. Je größer die Vielfalt in diesem Bereich ist, desto harmonischer können die Pflanzen wachsen, desto geringer ist die Gefahr einer einseitigen Vermehrung von Lebenwesen, die sich zu Pflanzenschädlingen entwickeln können.

Kompost

Das Kernstück dieser Art der Düngung ist die Kompostwirtschaft. Der Kompost ist das Sinnbild eines ökologischen Kreislaufs. Alle anfallenden organischen Substanzen, ob im Haushalt oder Garten, werden hier zu Erde zurückverwandelt. Viele Abfälle, die sonst die städtische Müllabfuhr belasten, finden hier eine nützliche Verwendung. Der richtig behandelte Kompost liefert eine lebendige, nach Waldboden duftende Erde.

Das Wesentliche bei der Kompostherstellung ist, daß hier ein Rottevorgang eingeleitet wird. Das ist ein Zersetzungsvorgang unter Sauerstoffzutritt. Zersetzungsvorgänge unter Sauerstoffausschluß sind Gärungen, die einen üblen Geruch verursachen. Stinkt es auf einem Kompostplatz, so ist der falsche Prozeß am Werk. Damit die Masse langsam rottet, ist das richtige Gleichgewicht von Luftzufuhr und Wassergehalt notwendig. Enthält die Kompostmasse zu wenig Wasser, verbrennt sie, d. h., die wertvollen Stoffe werden bei der Zersetzung aufgezehrt, es bleibt wenig Substanz zurück. Hat sie zu viel Wasser, besteht die Gefahr der Gärung, welche die Kompostmasse in einen klebrigen, stinkenden Brei verwandelt.

Alles Material sollte zerkleinert werden, bevor es kompostiert wird, da es sich dann schneller umsetzt.

In der Regel wird der Kompost nach einem halben Jahr einmal umgesetzt, entweder im Herbst oder im Frühjahr, und ist nach einem weiteren halben Jahr fertig. Dann wird er durchgesiebt. Die groben Teile wandern in den neuen Kompost. Ist ein Kompostplatz über mehrere Jahre gut eingefahren, kann sich das Umsetzen erübrigen. Beim Umsetzen kommen die äußeren Teile nach innen und umgekehrt. Eventuelle Fehler, wie Wassermangel oder zu feuchte Stellen, können dabei behoben werden.

Jeder Kompost durchläuft vom Zeitpunkt des Aufsetzens an verschiedene Phasen, in denen unterschiedliche Kleinlebewesen ihre Arbeit an dem Zersetzungsprozeß tun und sich hierin abwechseln. Diese Phasen gehen mit Temperaturveränderungen einher. Zu Beginn des Prozesses steigt die Temperatur an, so daß Krankheitskeime und einige Unkrautsamen abgetötet werden. Dann sinkt sie langsam ab. Die letzte Phase ist gekennzeichnet durch starke Regenwurmtätigkeit. Haben diese den Kompost ver-

lassen, ist er fertig und sollte nicht mehr zu lange ungenutzt liegen, da dann seine Kraft langsam verlorengeht. Ist der Kompost richtig aufgesetzt, so kommen die notwendigen Kleinlebewesen und Regenwürmer von selber. Es ist nicht notwendig, sie künstlich zuzuführen. Regenwürmern kann man durch Kaffeesatz und Zwiebelschalen noch einen besonderen Anreiz zum Besiedeln des Kompostes bieten.

Bei der Verwendung von Kompostsilos ist vor allem auf gute Luftzufuhr zu achten. Dann kann es sein, daß dort die Prozesse etwas schneller ablaufen, so daß im Sommer schon nach wenigen Monaten vollwertige Erde entsteht. Es ist in jedem Fall besser, mehr als ein Silo zu haben, damit man immer Platz hat, um die frischen Abfälle zu sammeln.

Verkompostiert werden kann alles, außer Steinen, Metallen und Plastik. Aus dem Garten fallen in der Regel Samen, Pflanzenreste, Rasensoden, Rasenschnitt, Laub und kleingeschnittene Zweige an. Aus dem Haushalt sind es Gemüseabfälle, verdorbenes Obst und Gemüse, Eierschalen, Kaffeesatz, Teesatz und in geringen Mengen Papier. Fleisch- und Käsereste sollten nach Möglichkeit nicht kompostiert werden, da sonst Ratten angelockt werden. Menschliche Fäkalien scheiden aus Hygienegründen ebenfalls aus.

Man schichtet aus den Abfällen einen Haufen, der mindestens 1 m breit, 0,8 m hoch und beliebig lang sein kann. Zwischen die einzelnen Abfallschichten kommen jeweils einige Schaufeln Gartenerde und eine Handvoll Kalk. Es soll auf keinen Fall Kalkstickstoff verwendet werden, da er die Kleinlebewesen abtötet. Bei seiner Umsetzung durchläuft er eine Phase in der er als starkes Gift (Cyanamid) wirkt. Dieser Prozeß wird im herkömmlichen Gartenbau genutzt, indem die Stickstoffdüngung mit einer Unkrautvernichtung kombiniert wird.

▶

Die sorgfältige Vorbereitung der Beete sowie die Wahl des richtigen Reihenabstandes bei der Aussaat entscheiden über die spätere Entwicklung der Pflanzen, den Zeitpunkt der Ernte, den Ertrag sowie die Anfälligkeit der Pflanzen für Krankheiten und Schädlinge

Hat man Mist zur Verfügung, so wird er in Schichten mit dem Abfall aufgesetzt. Es unterbleibt die Zugabe von Kalk, da dieser den Stickstoff aus dem Mist treibt.

Selbst in einer Großstadt kann man heutzutage Mist bekommen, wenn man sich an den Zoo oder an Reitställe wendet. Hat man keinen Mist zur Verfügung, kann die Umsetzung des Kompostes beschleunigt und seine Düngekraft erhöht werden, indem man ihm etwas Horn- oder Blutmehl oder andere stickstoffhaltige organische Dünger zuführt. Zum Ausgleich eines einseitigen Gartenbodens sollte bei schwerem Boden (siehe Kapitel 1) Sand oder quarzhaltiges Gesteinsmehl, bei leichtem Boden Lehm, Ton oder tonhaltiges Gesteinsmehl in den Kompost eingearbeitet werden.

Ist der Haufen fertig aufgesetzt, wird er abgedeckt. Hierzu kann man Laub, Stroh, Heu, Grassoden oder auch schwarze Folie verwenden.

Die Kompostmiete ist die ursprüngliche Form des »Abfallhaufens« im Garten. Sie muß einen windgeschützten Schattenplatz erhalten und vor Austrocknung geschützt werden

Übersicht 1: Düngemittel des Biogärtners

Hauptnährstoff	Düngemittel	Nährstoffgehalte in %			
		N	P_2O_5	K_2O	Kalk
Stickstoff (N)	Stallmist	0,5	0,3	0,6	0,4
	Kompost	0,5	0,3	0,4	1–3
	Hornmehl	9–14	4–5	–	6
	Blutmehl	12–15	1,5	0,8	1
	Knochenmehl	3–5	21	0,2	30
	Rizinusschrot	6	2,5	1,5	
	Peru Guano	6	12	2	12
	Brennesseljauche	0,07	0,003	0,02	0,03
Phosphor (P_2O_5)	Knochenmehl	3–5	21	0,2	30
	Rohphosphat	–	26	–	48
	Thomasmehl	–	14–20	–	32–45
Kalium (K_2O)	Holzasche	–	7–9	6–10	30–35
	Kalimagnesia	–	–	26	–
Kalk	Branntkalk	–	–	–	70–95
	Futterkalk	–	–	–	45–53
	Algenkalk	–	–	–	32
Spurenelemente	Basaltmehl	–	0,9	0,6	12,5
	Bentonit	–	–	1,5	2
	Urgesteinsmehl	–	0,2	2,6	10,5
	Algenkalk	–	–	–	32

Bei Verwendung von Kompostsilos wird der Abfall in diese mit den gleichen Zugaben wie beim Komposthaufen eingeschichtet. Ist das Silo voll, wird das Material in ein zweites umgesetzt, so daß das erste für den frischen Abfall wieder frei ist. Ist nur ein Silo vorhanden, kann man, sobald es voll ist, den angerotteten Inhalt in einem Haufen daneben aufschichten.

Der Kompostplatz sollte eine halbschattige bis schattige Ecke im Garten sein, da hier das Kleinklima den geringsten Schwankungen unterliegt.

Gründüngung

Gründüngung erfolgt durch den Anbau und anschließendes Unterpflügen oder Untergraben von Pflanzen, die in erster Linie weder der Zierde des Gartens noch der Ernährung des Menschen dienen. Gründüngung hat ihren Namen daher, weil durch sie dem Boden frische organische Masse zugeführt wird.

Gründüngungspflanzen werden dort angebaut, wo der Boden sonst über längere Zeit brachliegen würde. Dadurch, daß der Boden durch die Pflanzen bedeckt ist, ensteht eine Schattengare. Bei starken Regenfällen wird der Boden nicht weggeschwemmt, bei Stürmen nicht davongeblasen. Er kann durch die Pflanzen bis in die Tiefen gelockert und aufgeschlossen werden.

Die letzte Phase der Umsetzungen im Kompost ist durch eine starke Regenwurmtätigkeit gekennzeichnet

Baut man Pflanzen an, die mit Hilfe von Mikroorganismen Stickstoff zu binden vermögen (Leguminosen), wird der Boden außerdem mit Stickstoff angereichert. Fruchtfolgeschäden, die durch zu häufigen Anbau von Kulturpflanzen derselben Art hintereinander entstehen können, werden vermieden oder gelindert. Deshalb sollten möglichst Arten angebaut werden, die anderen Familien angehören als die Gemüsepflanzen. Solche Arten sind vor allem Phacelia, Buchweizen und Winterroggen und bis zu einem gewissen Grad auch Spinat.

Außer diesen entstammen die meisten Gründüngungspflanzen den zwei Familien, zu denen auch viele Gemüsepflanzen gehören, und zwar den Schmetterlingsblütlern (Leguminosen) und den Kreuzblütlern (Cruciferae). Leguminosen, und hier besonders Erbsen und Klee, sind sehr fruchtfolgeempfindlich. Erbsen verlangen einen Boden, auf dem lange keine Leguminosen gestanden haben, sonst reagieren sie mit Ertragsausfällen. Baut man Klee zu häufig hintereinander an, entsteht die sogenannte Kleemüdigkeit des Bodens.

Die Stickstoffanreicherung des Bodens bewirken die Leguminosen durch ihre Symbiose mit den Knöllchenbakterien. Die Knöllchenbakterien können den Luftstickstoff binden und so den Pflanzen zur Verfügung stellen. Dafür bekommen sie Stoffe, die sie selber zum Leben brauchen von ihrem Symbiosepartner zur Verfügung gestellt. Zieht man eine Leguminose mit den Wurzeln aus der Erde, kann man an diesen die vielen kleinen weißen Knöllchen entdecken. Damit die Symbiose ihre volle Wirksamkeit entfalten kann, sollte den Pflanzen eine möglichst lange Kulturzeit zur Verfügung gestellt werden. Außerdem schränkt jede reichliche Stickstoffgabe die Symbiosefähigkeit ein. Aus diesen Gründen wird diese Gründüngungspflanze überwiegend dort gesät, wo ein Boden für Dauerkulturen vorbereitet werden soll. Vorteilhaft ist hierfür auch noch die Eigenschaft dieser Pflanzenfamilie, den Boden tief lockern zu können.

Zu den Kreuzblütlern gehören unter den Gemüsepflanzen vorwiegend alle Kohlarten, bei den Gründüngungspflanzen Gelbsenf und Ölrettich. Der erstere wirkt durch seine Senföle auf das Bodenleben.

Übersicht 2: Gründüngungspflanzen für den Garten

Pflanzenart	Erste Saat	Letzte Saat	Mindest-kulturdauer (Wochen)	Bemerkungen
Gräser				
Gerste	März	Sept.	6	
Roggen	März	Okt.	6	winterhart
Knöterichgewächse				
Buchweizen	Mai	Sept.	4	frostempfindlich
Korbblütler				
Ringelblume	April	Juli	8	Boden gesundend
Sonnenblume	April	Juli	10	
Tagetes	April	Juli	8	Boden gesundend
Kreuzblütler				
Ölrettich	März	Sept.	5	tiefwurzelnd
Winterraps	Juli			
Winterrübsen	Juli	Okt.	5	winterhart
Sommerraps	März			
Sommerrübsen	März	Sept.	5	
Senf	März	Okt.	3	schnellwachsend
Schmetterlingsblütler (Leguminosen)				
Ackerbohne	März	Juli	6	wasserbedürftig
Kleearten	April	Aug.	8	
Lupine	April	Aug.	9	tiefwurzelnd
Luzerne	Mai	August	8	mehrjährig
Sommerwicke	April	Aug.	8	wasserbedürftig
Winterwicke	Juli	Sept.	8	winterhart
Wasserblattgewächse				
Phacelia	April	Sept.	6	Bienenweide

Er ist gut für eine Herbstsaat geeignet, da er schnell keimt und wächst und so auch bei Oktoberaussaat noch einen grünen Teppich bildet. Über Winter friert er ab, so daß man im Frühjahr gleich mit der Bestellung beginnen kann. Baut man ihn im Sommer an, kann er – wie auch der Ölrettich – zum Unkraut werden. Er samt sich selbst sehr schnell aus, auch wenn man ihn abhackt und als Mulch liegenläßt.

An Stelle des Senfs kann man auch Spinat verwenden. Er gehört einer anderen Familie an und vereinigt außerdem die Vorteile des Senfs in sich, d. h. er ist auch noch bei später Aussaat raschwüchsig.

Eine Gründüngung, die noch spät gesät werden kann, ist der Winterroggen. Er friert allerdings nicht ab und muß im Frühjahr eingearbeitet werden.

Als Sommergründüngung, die für einen ausreichenden Massenertrag eine längere Kulturzeit braucht, sind Phacelia und Sonnenblumen zu verwenden. Das lohnt aber nur, wenn eine Fläche wenigstens 3 Monate brachliegt. Bei der Phacelia ist mit genügend Feuchtigkeit für eine rasche Anfangsentwicklung zu sorgen, da sie relativ lange braucht, bis die Blattdecke geschlossen ist. Man sollte sie bis zur Blüte kommen lassen, da sie reiche Nahrung für die Insekten bietet.

Sie trägt ihren Namen Bienenweide nicht umsonst.

Für arme Böden eignet sich Buchweizen. Er ist schnell im Aufwuchs und schließt dicht. Er stellt keine Ansprüche an den Boden und bringt trotzdem eine gute Grünmasse. Saatgut erhält man oft noch bei Landhandel oder Genossenschaften. Er ist allerdings sehr frostempfindlich.

Alle Gründüngung, außer derjenigen, die über Winter abfriert, wird gemäht oder abgehackt. Bis auf Phacelia sollte das vor der Blüte, ja sogar noch vor der Knospenbildung geschehen. Die Gründüngungspflanzen können dann als Mulch liegenbleiben, man kann sie aber auch einarbeiten oder kompostieren. Dann sollten sie allerdings vorher angewelkt sein. In jedem Fall wird die Gründüngungsmasse mit Baldrianblütenextrakt gespritzt, um Abbau und Umsetzung zu fördern (vergl. Übersicht 10).

Mulchen

In der Natur bleibt keine Stelle unbewachsen. Wird sie nicht vom Menschen mit Kulturpflanzen oder Gründüngung bestellt oder gemulcht, breiten sich dort andere Pflanzen aus, die wir häufig als Unkraut ansehen. Daher sollte man versuchen, möglichst alle Flächen des Gartens, die unbewachsen sind, zu mulchen, d. h. mit nicht oder kaum verrottetem Material abzudecken.

Durch das Mulchen wird die Feuchtigkeit im Boden gehalten. Es muß nicht so oft gewässert werden. Dicht über dem Erdboden wird eine gleichmäßige Temperatur gehalten. Die Hitze des Tages und die Kühle der Nacht werden abgepuffert. Es entsteht ein feuchtwarmes Klima ohne große Schwankungen, bei dem die Bodenlebewesen gut gedeihen.

Der Mulch bietet ihnen auch zusätzliche Nahrung. Das merkt man daran, daß die Bodenbedeckung sehr schnell dünn wird, die Erde zu sehen ist und neu nachgedeckt werden muß. Hebt man den Mulch etwas an, findet man darunter einen dunklen, lockeren, feingekrümelten Boden.

Als Material eignet sich fast alles: Stroh, Heu, Laub, angerotteter Kompost, kleingeschnittene Pflanzenreste, angewelkte Gründüngung.

Um die Umsetzung zu fördern, kann einer solchen Mulchschicht etwas Gesteinsmehl zugeben werden. Bei schwerem Boden nimmt man quarzhaltiges wie Eifelgold, bei leichtem tonhaltiges wie Bentonit.

Gemulcht werden nicht nur die Gehölz- und Staudenrabatten sowie die Obst- und Gemüseanbauflächen, sondern auch die dazugehörigen Wege. Die Mulchdecke setzt die Verdunstung der Bodenfeuchtigkeit herab und unterdrückt den Aufwuchs von Wildkräutern

Wasser und Bewässerung

Schon bei den Anzuchten im Frühjahr, aber auch im Sommer bei längeren Trockenperioden erkennt man die Bedeutung des Wassers für das Pflanzenwachstum.

Normalerweise wässert man ohne große Überlegung mit dem Wasser, welches einem zur Verfügung steht. Es wird nur darauf geachtet, daß der Arbeitsaufwand dabei gering ist. Die Gefahr ist, daß man bei unüberlegtem Wässern mehr Schaden anrichtet, als einem bewußt ist. Jungpflanzen reagieren empfindlich auf Kaltwasserduschen; daher sollten alle Aussaaten und Anzuchten mit abgestandenem Wasser, welches die Umgebungstemperatur angenommen hat, gegossen werden.

Durch das Abstehen des Wassers wird nicht nur die Temperatur angeglichen, es wird außerdem mit Sauerstoff angereichert, und unerwünschte Stoffe werden ausgefällt. So gibt es Gegenden mit eisenhaltigem Wasser. Das ist daran zu erkennen, daß das Eisen als brauner Satz am Gefäßboden ausfällt.

Ist man auf städtisches Leitungswasser angewiesen, da der Garten keinen Brunnen hat, sollte man sich bemühen, Regenwasser aufzufangen. Dem Leitungswasser ist aus hygienischen Gründen keimtötendes Chlor zugesetzt, dessen Wirkung im Garten unerwünscht ist. So ist man z. B. beim Ansatz von Kräuterjauchen auf die Mitarbeit der richtigen Bakterien angewiesen. Das läßt sich vergleichen mit dem Ansetzen von Dickmilch. Früher konnte jede Hausfrau aus der Kuhmilch ihre Dickmilch selber ansetzen. Heute gibt es fast nur noch keimfreie Milch, so daß sich für die Dickmilchproduktion nicht mehr die richtigen Milchsäurebakterien anreichern.

Die Verwendung von Regenwasser ist gegenüber Leitungswasser außerdem kostengünstiger.

Selbst wenn ein Brunnen vorhanden ist, sollte man Regenwasser sammeln, da auch Brunnenwasser − vor allem aus größeren Tiefen − relativ steril und sauerstoffarm ist.

Um möglichst sauberes Regenwasser zu erhalten, sollten Dächer, Regenrinne und Tonne regelmäßig gesäubert werden. Für spezielle Zwecke läßt sich das Wasser auch durch ein grobes Tuch filtern. Gegen den Schmutz aus der Umwelt ist man allerdings weder bei Regen noch bei Brunnenwasser gefeit.

Neben der Art des Wassers ist auch die Menge und der Zeitpunkt des Wässerns wichtig. Für das Wasser gilt die allgemeine Regel, daß es besser ist, es in wenigen aber reichlichen Gaben zu verabreichen. Dann gelangt das Wasser bis an die Wurzeln, ohne gleich an der Oberfläche zu verdunsten. Um das richtige Gefühl für die Menge zu bekommen, sollte man nach dem Wässern in der Erde nachsehen, wie tief die Feuchtigkeit eingedrungen ist.

Zimmerpflanzen und Blumenkübel sollten ab und zu auf Durchfluß gegossen werden, d. h., daß dann das Wasser unten wieder austritt. Dann hat man die Gewähr, daß auch der untere Bereich der Töpfe oder Kübel gut durchfeuchtet ist.

Möglichkeiten der Wassergabe: Guß an den Stengelgrund oder feine Vernebelung des Wassers

Durch die Wahl des richtigen Zeitpunktes kann man sich viel Arbeit sparen. Gießt man während der Sommermonate abends oder am Spätnachmittag, verdunstet weniger Wasser, und die Pflanze kann es besser aufnehmen. Morgens stehen die Pflanzen voll im Saft. Das sieht man z. B. an den Guttationstropfen, Wassertropfen, die perlschnurartig an den Blatträndern erscheinen. Der Wasserdruck an der Wurzel ist dann so hoch, daß das überschüssige Wasser in Form von Tropfen durch die Blätter wieder ausgeschieden wird. Es ist verständlich, daß die Pflanze dann kein zusätzliches Wasser mehr aufnimmt.

Durch das abendliche Wässern kann der nächtliche Tau ebenfalls besser aufgenommen werden. Hier wirkt das gleiche Phänomen wie beim Wässern kurz vor einem Regenguß nach langer Trockenheit. Ist der Boden dann nicht gewässert, sondern trocken, fließt viel Regenwasser erst einmal oberflächig ab.

In vielen Fällen kann man sich durch gezielte Bodenbearbeitung das Wässern sparen. So hilft jede Bodenbearbeitung am späten Nachmittag, den nächtlichen Tau besser zu nutzen. Umgekehrt bekommt man ein im Schatten liegendes Stück, welches ständig zu feucht ist, durch Bodenbearbeitung am Vormittag schneller trocken. Diese Dinge können von jedem ausprobiert und beobachtet werden.

Es ist ratsam, die Art des Wässerns an die vorliegenden Bedingungen anzupassen. So sollten Anzuchten mit feinverteiltem Wasserstrahl gegossen werden, um die Samen nicht freizuspülen und die jungen Pflanzen nicht zu schädigen. Neupflanzungen bekommen einen gründlichen Guß an den Stengelgrund, so daß die Wurzeln einschlämmen. Bei der Bekämpfung von Spinnmilbe und Erdflöhen durch hohe Luftfeuchtigkeit wird das Wasser fein vernebelt. Soll den Pflanzen nach längerer Trockenheit das Wasser direkt zugute kommen, sind kräftige, gezielte Güsse in den Wurzelbereich sinnvoller.

So kann das Wässern zu einer Kunst für sich werden.

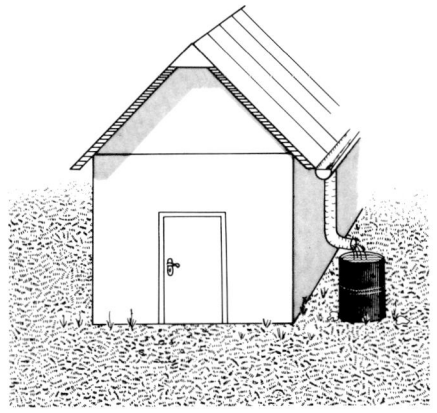

Eine einfache Möglichkeit, Regenwasser zu sammeln

Übersicht 3: Wassermenge, die ein vollgesättigter Boden in Abhängigkeit von Bodenart und Bodentiefe enthält bzw. Wassermenge, die ein nicht gesättigter Boden in Abhängigkeit von der Bodenart in der Stunde aufnehmen kann

Bodenart	Wassergehalt bei Sättigung (l/m^2) bis in eine Bodentiefe von		Maximale Wasseraufnahmefähigkeit (mm/Stunde)
	30 cm	50 cm	
Sand	24	40	20
lehmiger Sand	36	60	15
sandiger Lehm	54	90	12
Lehm	72	120	10
Ton	90	150	8

Der Biogärtner baut sein Gemüse beetweise oder in Form einer Mischkultur Abb. links an. In der Mischkultur können die verschiedenen Gemüsearten ihre Entwicklung wechselseitig positiv be-

Fruchtfolge und Mischkultur

Fruchtfolge: Unter Fruchtfolge versteht man die zeitliche Reihenfolge, in der die Kulturpflanzen angebaut werden. Die extremste Form der Fruchtfolge ist die Monokultur (einseitige Fruchtfolge). Hierbei wird die gleiche Pflanzenart mehrere Jahre hintereinander auf derselben Fläche angebaut. Ein Garten, der jedes Jahr wieder ausschließlich mit Kartoffeln bestellt wird, zeigt eine solche Monokultur. Die meisten Arten reagieren darauf mit vermehrtem Krankheits- und Schädlingsbefall und verminderten Erträgen. Es ist daher sinnvoll durch eine gezielte vielseitige Fruchtfolge die Pflanzen- und Bodengesundheit zu fördern.

In der Kulturfolge eines Jahres werden Haupt- und Nebenkulturen unterschieden. Die Hauptkulturen sind durch eine lange Kulturdauer gekennzeichnet wie z. B. Kohl, Tomaten, Kartoffeln. Das Nacheinanderfolgen dieser Kulturen bestimmt die Fruchtfolgeplanung über die Jahre. Die Neben- oder Kurzkulturen können vor, nach oder neben den Hauptkulturen angebaut werden. Zu ihnen gehören unter anderen Radies und Salat.

Für die Planung lassen sich die Hauptkulturen nach ihrem Düngeranspruch in Stark- und Schwachzehrer unterteilen und solche, die das Nährstoffreservoir des Bodens ergänzen. Man kann sie nun in der Reihenfolge ihres Düngeranspruchs aufeinander folgen lassen und muß dann nicht jedes Beet und dieses jedes Jahr in gleichem Maße mit Kompost düngen.

Außer dieser Einteilung gibt es noch eine, wel-

einflussen und Schädlinge gemeinsam besser abwehren. Voraussetzung ist aber die richtige Kombination der Gemüsearten

che die Unterscheidung nach dem Pflanzenorgan trifft, das geerntet werden soll. Sie gliedert die Arten z. B. in Wurzel-, Blatt-, Blüten- und Fruchtgemüse und läßt diese nacheinander auf jedem Beet folgen.

Beachten sollte man die fruchtfolgeempfindlichen Arten. So sollten Kohl und Erbsen erst nach sieben Jahren wieder auf dasselbe Stück, während Tomaten ohne Schaden mehrmals nacheinander angebaut werden können.

Mischkultur: Neben der Art des beetweisen Anbaus einzelner Arten gibt es auch noch die Möglichkeit der Mischkultur. Hierunter versteht man, daß verschiedene Pflanzenarten innerhalb einer Reihe oder auf einem Beet gemeinsam angebaut werden. Bei dieser Mischkultur geht es darum, die Fähigkeit der Pflanzenarten, sich gegenseitig durch Geruchsstoffe und Wurzelausscheidungen zu fördern, für den

Anbau zu nutzen. Die Förderung kann darin bestehen, daß das Wachstum gegenseitig erhöht wird oder das Aroma der Früchte. Sie kann aber auch in der Abwehr von Schadorganismen oder Krankheiten bestehen. Diese Pflanzenausscheidungen bewirken auch, daß sich im engeren Wurzelbereich eine ganz spezielle Mikroflora und -fauna ansiedelt. Sie sollen aber nur dann optimal zur Wirkung kommen, wenn Pflanzenwachstum und Bodenleben durch Kompostwirtschaft gefördert werden.

Eine besonders gesundende Wirkung kann die Beipflanzung von ein- bis zweijährigen Küchenkräutern haben. Bei der Anwendung der Mischkultur ist besonders wichtig, die Kombinationen, die sich negativ beeinflussen, zu meiden. Wie man die verschiedenen Arten miteinander kombiniert, bleibt den Möglichkeiten und Überlegungen des einzelnen überlassen. Hier ist ein vielseitiges Miteinander möglich, und dem Einfallsreichtum des Gärtners sind keine Grenzen gesetzt. Übersicht 7 gibt einige Beispiele.

Hügelbeet und Hochbeet

Die beste Zeit, um ein Hügelbeet anzulegen, ist der Herbst. Dann fällt das für das Hügelbeet notwendige Material naturgemäß im Garten an. Außerdem kann sich das Beet bis zur Frühjahrsbestellung setzen.
Eine solche Anlage will allerdings gut überlegt sein. Sie hält 4-6 Jahre. Der Aufbau ist mit viel Mühe und großen Mengen an Material verbunden. Will man es wieder beseitigen, bevor alles Material verrottet ist, ist auch dieses mit Aufwand verbunden.
Einer der Vorteile eines Hügelbeetes besteht darin, daß man dadurch die Anbaufläche vergrößern kann. Wer nur einen kleinen Garten besitzt oder wenig Fläche für seine Gemüsekulturen hat, kann durch Hügelbeete diese Fläche erheblich ausdehnen.
Dadurch, daß im Hügelbeet Ab- und Umbauprozesse vor sich gehen — wie im Kompost —, entsteht Wärme. Diese kommt als Bodenwärme den Pflanzen zugute, die dadurch zügiger wachsen. Durch die Umbauprozesse werden außerdem laufend Nährstoffe freigesetzt, die ebenfalls das Pflanzenwachstum fördern.
Als Standort für das Beet wählt man einen möglichst sonnigen Platz. Dort wird es in Nord-Südrichtung angelegt, damit alle Pflanzen zu dem größtmöglichen Lichtgenuß kommen. Ist die Fläche mit Rasen bedeckt, werden zuerst auf anderthalb Meter Breite die Rasensoden abgestochen und an den Seiten aufgestapelt. Die Länge des Hügelbeetes richtet sich nach dem vorhandenen Platz, dem Material und den Anbauwünschen des Gärtners.
Auf der Grundfläche des Hügelbeetes wird die Erde einen halben Spatenstich tief ausgehoben und an die Seite gelagert. Der Grund wird aufgelockert. Bei einem sehr schweren Boden (siehe Kapitel 1) bedeckt man dann die Grundfläche mit einer flachen Sandschicht. Bei jedem Material gilt, daß das gröbste nach innen, das feinere weiter nach außen aufgebracht wird. Zuerst wird in der Mitte der ausgehobenen Mulde ein fußbreiter Damm aus grobem Astwerk aufgeschüttet. Hier kann der erste Baum- und Strauchschnitt verarbeitet werden. Dieser Wall wird mit den Rasensoden abgedeckt. Dann folgt eine Schicht aus groben Pflanzen-

Übersicht 6: Beispiele für Frucht- und Kulturfolgen

Kulturfolge	Fruchtfolge		
	1. Jahr	2. Jahr	3. Jahr
Vorkultur	Radies, Salat	–	Feldsalat
Hauptkultur	Tomaten	Möhren, Zwiebeln	Erbsen
Nachkultur	–	Feldsalat	Porrée
Vorkultur	–	Radies, Mairüben	Spinat
Hauptkultur	Frühkartoffeln	Buschbohnen	Möhren, Zwiebeln
Nachkultur	Porrée	Spinat	Feldsalat
Vorkultur	frühe Erbsen	Salate	Radies, Mairüben
Hauptkultur	Winterkohl	Rote Bete	Buschbohnen
Nachkultur	–	Gründüngung	Spinat
Vorkultur	–	Frühe Erbsen	Salate
Hauptkultur	Möhren, Zwiebeln	Winterkohl	Rote Bete
Nachkultur	Feldsalat	–	Gründüngung

Übersicht 7: Günstige (I) und ungünstige (X) Kombinationen für die Mischkultur von Gemüse

	Zwiebel	Zucchini	Tomate	Spinat	Sellerie	Rote Bete	Radies	Porrée	Möhren	Kopfsalat	Kohl	Kartoffeln	Gurke	Erbse	Endivie	Buschbohne
Buschbohne	X					I	I	X	I	I	I	X	I	X	I	
Endivie							I	I			I					I
Erbse	X		X	I			I	I	I	I	I	X				X
Gurke	I		X	I	I	I	I	X	I	I						I
Kartoffel			I	X	X									X		X
Kohl			I	I	I		I	I	I	X				I	I	I
Kopfsalat	I		I			I	I	I	I		X		I		I	I
Möhre	I		I	I			I	I		I		I		I		I
Porrée	I		I		X	I			I	I	I		X	I		X
Radies	I		I					I	I	I	I	X	I	I	I	I
Rote Bete	I								X	I		X	I			
Sellerie		I		X						I	X	I				
Spinat		I				I		I			I	I				
Tomate				I	I	I	I	I	I	I			X	X		
Zucchini	I															
Zwiebel		I							I	I			I	X		

27

Hügelbeet und Hochbeet (S. 29) können als konsequente Weiterentwicklungen der Kompostmiete angesehen werden. Die durch das Bodenleben aus den organischen »Abfällen« freigesetzten mi-

abfällen, z. B. Schnitt von Staudenbeeten, Laub, Balkonkasten- oder Blumenkübelresten, Brennesseln, Rasenschnitt. Alles wird mit etwas Erde vermischt und leicht mit Steinmehl und Kompoststarter bepudert.

Die nächste Schicht besteht aus angerottetem Mist oder halbfertigem Kompost. Ist kein Mist vorhanden, sollte dem Kompost etwas Horn- und Knochenmehl beigegeben werden. Die letzte Schicht besteht aus fertigem Kompost, vermischt mit der vorher ausgehobenen Gartenerde. Jede Schicht wird so dick, wie es die Materialmenge zuläßt.

Bei dem Aufsetzen des Hügelbeetes ist darauf zu achten, daß das verwendete Material fest gepackt ist, so daß keine Löcher oder Hohlräume entstehen können. Das Material sollte so feucht sein, wie es für die Kompostherstellung geschildert wird. Zum Schluß wird alles mit

Baldrianblütenextrakt gegossen. Dann wird mit alten Decken oder schwarzer Folie bis zum Frühjahr abgedeckt.

Im ersten Jahr sollte das Hügelbeet mit Starkzehrern bepflanzt werden. Bei Radies, Rettich und Möhren, die auf frische Düngung mit Schädlingsbefall reagieren, ist Vorsicht geboten. Beim Anbau von Erdbeeren oder Kartoffeln sollte für jede Kultur ein ganzes Hügelbeet zur Verfügung stehen; ansonsten wird reihenweise in Mischkultur angebaut.

Im dritten Jahr nach der Anlage sollte das Beet eine dünne Kompostschicht bekommen. In trockenen Jahren muß gründlich gewässert werden, da keine Wassernachlieferung aus dem Unterboden erfolgt. Es sollte auch gut gemulcht werden. In feuchten Jahren gedeihen die Kulturen besonders gut, da keine Staunässe entstehen kann (siehe auch Kapitel 1).

neralischen Nährstoffe und die bei diesem Prozeß entscheidende Wärme können von den Gemüsepflanzen unmittelbar genutzt werden

Ähnlich wie das Hügelbeet wird auch das Hochbeet angelegt. Es kann als Weiterentwicklung des Hügelbeetes betrachtet werden. Im Gegensatz zu diesem besitzt es einen festen Holzrahmen und läßt sich deshalb besonders bequem bearbeiten. Wer sich darüber näher informieren will, dem sei das Büchlein von Elmar Stamm: »Erfolgreiches Gärtnern auf Hochbeeten« empfohlen, das ebenfalls in der Reihe ›Pareys bunte Gartentips‹ erschienen ist.

Pflanzenschutz und »Unkraut«-Bekämpfung

In der Regel herrscht überall in der Natur ein Gleichgewicht zwischen den Lebewesen. Dieses kann durch starke Witterungsveränderungen, Klimaschwankungen oder die Eingriffe des Menschen gestört werden und zur starken Vermehrung nur einer Tier- oder Pflanzenart führen. Wenn es soweit kommt, daß die Kulturpflanzen Schaden nehmen, die Erträge zurückbleiben, die Pflanzen kümmerlich wachsen oder ganz eingehen, spricht der Mensch von Pflanzenkrankheiten oder -schädlingen. Eine Laus am Kopfsalat wird niemanden stören, erst ihre massenhafte Vermehrung läßt sie zum Schädling werden. So kannten schon die alten Ägypter Heuschreckenplagen, und in Irland entstand im 19. Jahrhundert eine Hungersnot durch eine starke Verbreitung der Kraut- und Knollenfäule *(Phytophthora infestans)* der Kartoffel. Seit der Mensch den Boden bestellt, um Nahrungspflanzen anzubauen, hat er gegen Krankheiten und Schädlinge, die ihm die Nahrung streitig machen, zu kämpfen.

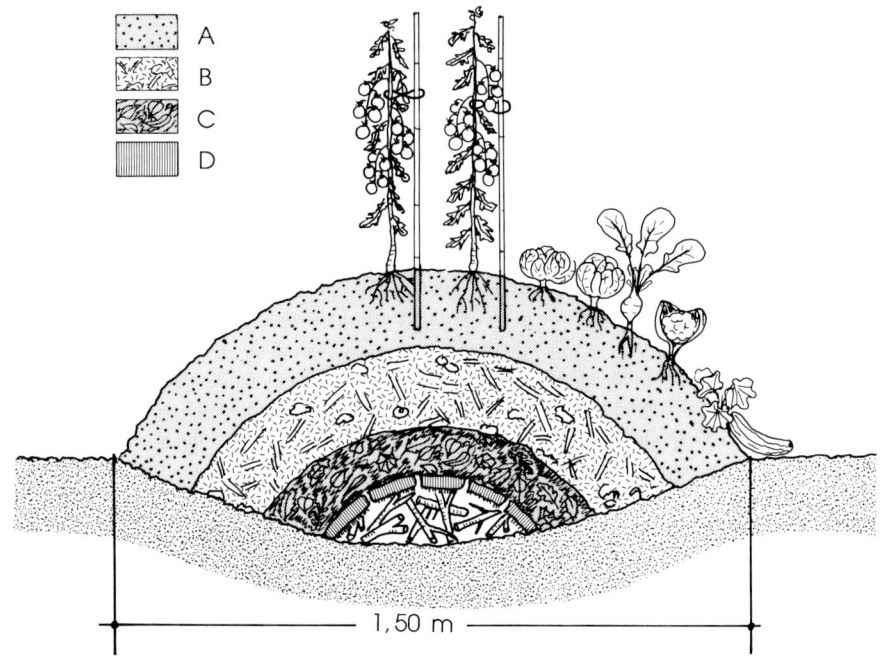

Querschnitt durch ein Hügelbeet:
A = Reife Komposterde und Erde aus dem Bodenaushub
B = Halbfertiger Kompost und Stallmist oder Horn- und Knochenmehl
C = Laub, Rasenschnitt und anderes grobes Pflanzenmaterial, etwas Erde, Steinmehl und Komposttarter
D = Zweige und Äste, bedeckt mit Rasensoden

Im Pflanzenschutz des alternativen Anbaus liegt das Schwergewicht auf den indirekten Maßnahmen.

Alle Kulturmaßnahmen wie Bodenbearbeitung, Verzicht auf leichtlösliche Mineraldünger, Förderung des Bodenlebens durch organische Düngung und Beachtung des Fruchtwechsels dienen dazu, die Vielseitigkeit im Garten zu erhöhen und dadurch ein Gleichgewicht zwischen den Lebewesen zu fördern.

Wichtig ist die Wahl des richtigen Standortes, vor allem bei Dauerkulturen wie Bäumen, Sträuchern, Stauden, Rhabarber und Spargel. Jede Pflanze stellt andere Ansprüche an die Verfügbarkeit der Wachstumsfaktoren. Diesen Ansprüchen sollte man soweit als möglich entgegenkommen, um schon dadurch die Grundlage für ein gesundes Pflanzenwachstum zu schaffen. Pflanzt man z. B. die Rhododendren, die sauren Boden verlangen, in kalkhaltige Erde, braucht man sich über gelbe Blätter und Kümmerwuchs nicht zu wundern.

Neben der Standortwahl ist die Sortenwahl von Bedeutung. Bei Bäumen und Sträuchern sollte man sich nach den Sorten erkundigen, die dem Klima am besten angepaßt sind.

Bei Gemüse und Sommerblumen kann man durch eigenes Experimentieren zu den Sorten kommen, die für den eigenen Garten am besten geeignet sind.

Übersicht 8: Die wichtigsten Schädlinge im Garten

Schaderreger	Schadbild	Maßnahmen
(Allgemein, an vielen Kulturen)		
Blattläuse	nach innen gekrümmte Blätter, Läuse auf der Blattunterseite	Nützlinge: Marienkäfer, Florfliege, Ohrenkneifer; Brennessel-Kaltwasserauszug
Eulenraupen	Fraß an Wurzelhals, Stengel und Blatt	Vogelschutz, Farnkraut auslegen, absammeln, Dipel
Schnecken	Schabe-, Loch-, Totalfraß	Nützlinge: Igel, Vögel, Spitzmaus, Enten; Schneckenzaun, absammeln, Bierfallen
Spinnmilbe	hellgepunktete Blätter durch Saugen an der Unterseite	Nützlinge: Raubmilbe, Raubwanze; humoser Boden, Kaltwasserduschen
(Im Gemüsegarten)		
Erdflöhe	Schabe- und Lochfraß an Blättern	wässern, Boden lockern, Gesteinsmehl, Wermuttee
Kartoffelkäfer	Kahlfraß der Blätter	Absammeln, Larven mit Gesteinsmehl stäuben
Kohldrehherzmücke	Drehen der Herzblätter, keine Kopfbildung	weite Fruchtfolge, Steinmehl, Pyrethrummittel
Kohlfliege	Maden zerfressen Wurzelhals	tief pflanzen, anhäufeln, Algenkalk, Basaltmehl, Vlies oder Netze
Kohlweißling	Raupen fressen Blattspreiten, Blattrippen bleiben stehen	Absammeln, Mischkultur, Tomatenblattjauche, Dipel
Lauchmotte	Fensterfraß, weißliche Blätter knicken um	Mischkultur, Pflanze kurz schneiden
Möhrenfliege	Fraßgänge in der Rübe	Mischkultur, Gelbtafeln, Vlies, Netze
Rettichfliege	siehe Möhrenfliege	
(Im Obstgarten)		
Apfelwickler	bohren sich in die Früchte	Stammpflege, Fangringe
Blutlaus	Geschwulste an Wurzel, Stamm und Zweigen	Stammpflege, befallene Teile ausschneiden, Kolonien auspinseln
Frostspanner	Blatt- und Fruchtfraß	Vögel, Leimringe im Herbst
Johannisbeergallmilbe	dicke, runde Knospen, die nicht austreiben	ausbrechen, Preicobaktspritzung Herbst, Frühjahr
(Im Ziergarten)		
Lilienkäfer	Lochfraß	Nützlinge: Vögel; absammeln
Schildläuse	kleine dunkle Höcker auf der Pflanze	Abbürsten, Preicobaktspritzung, Schwefelsaure Tonerde, Schmierseifespritzung

Zur Pflanzengesundheit und Haltbarkeit der Früchte tragen auch richtige Saat- und Erntezeiten bei.

Wässern zur Unzeit oder mit dem falschen Wasser kann ebenfalls Schaden anrichten.

Ein wichtiger Gesichtspunkt der indirekten Maßnahmen ist die Förderung von Nützlingen. Dieses geschieht einmal dadurch, daß man ihnen Räume schafft, in denen sie das

ganze Jahr über leben können, wie z. B. durch Hecken, die nicht zu radikal geschnitten werden. Wenn solche Hecken auch noch aus einheimischen, beerentragenden Sträuchern bestehen, bieten sie zusätzliche Nahrung für Singvögel. Ein Feind aller Nützlinge ist der bis in die letzte Ecke penibel ausgeharkte und von jedem Unkraut befreite Garten. Nützlinge brauchen Verstecke auch über Winter und können im Frühjahr die erste Nahrung oft auf Unkräutern finden. Um die Insektenwelt zu beleben und deren Vielfalt zu fördern, ist zu empfehlen, das ganze Jahr über im Garten immer blühende Pflanzen zu haben. Das müssen nicht nur Stauden und Sommerblumen sein, es können auch Kräuter oder geschoßte Gemüsepflanzen sein.

Eine weitere Möglichkeit ist die Anwendung von Pflanzenpflegemitteln. Das Wesentliche bei der Anwendung dieser Mittel ist, daß sie vorbeugend wirken. Ihre Wirkung besteht darin, daß sie die Pflanzen in ihrem Aufbau kräftigen, so daß Schädlinge keine Angriffsmöglichkeit haben. Dementsprechend müssen sie vom Beginn des Pflanzenwachstums an gespritzt

oder gegossen werden. Die Wirkung wird erhöht, wenn dieses in regelmäßigen Abständen die ganze Kulturdauer über erfolgt. Einige der Pflegemittel wirken auch durch Geruchsstoffe vertreibend. Es liegen noch andere Wirkungsmechanismen vor, die aber bisher noch kaum erforscht sind.

Die Pflegemittel können z. T. ohne Kostenaufwand selber hergestellt werden, da man die Zutaten in der Natur und im Garten findet.

Zu diesen Pflegemitteln gehören Schachtelhalmtee und -jauche, Brennesseljauche, die je nach Anwendung frisch gärt oder den Gärungsprozeß schon abgeschlossen hat, Wermut- und Rainfarntee sowie Farnkrautextrakt, Baldrianblütenextrakt und Holzkohlengruß.

Dieses sind die geläufigsten Mittel. Für Spezialfälle können Kräuter aller Art als Tee gebrüht oder verjaucht werden. So soll z. B. Kohlblattjauche gegen die Kraut- und Knollenfäule der Tomate, Tomatenblattjauche gegen Kohlweißling helfen. Alle Jauchen aus Allium-Arten, wie Zwiebeln, Schnittlauch, Knob-

Wichtige Helfer des Biogärtners sind die Marienkäfer. Die Larven der Marienkäfer (Abb. oben und unten), die hier zu sehen sind, machen unermüdlich auf Blattläuse Jagd

Bei seiner Anwendung muß allerdings zwischen Anwendung und Ernte eine Wartezeit von mindestens 4 Tagen eingehalten werden. Das sollte im Hausgarten allerdings nur in wirklichen Notsituationen erfolgen. Auf chemische Pflanzenbehandlungsmittel soll der biologische Gärtner ganz verzichten. Zu ihrer Anwendung gehören genaue Kenntnisse, da z. B. Mittel, die für den Ziergarten zugelassen sind, beim Gemüse verboten sein können. Die Einhaltung der richtigen Dosis ist auf kleinen Flächen problematisch.

In jedem Fall sollte man sich darüber im Kla-

Rainfarn (oben) und Brennessel (unten) sind für den Biogärtner wichtige »Unkräuter«, da sie zu Jauche oder Tees verarbeitet, das Wachstum der Pflanzen fördern und Schädlingsbefall abwehren

lauch sollen gegen saugende und beißende Insekten wirken. Vergorener Comfrey dient zur Versorgung der Pflanze mit Mineralstoffen.

Das Wesentliche bei der Anwendung der Pflegemittel ist, daß nicht nach dem Spruch »viel hilft viel« gearbeitet wird, sondern alle Tees und Jauchen in der Regel vor Gebrauch verdünnt werden müssen. Oftmals sollten sie dann auch fein verteilt ausgebracht werden.

Auch im Pflanzenschutz des biologischen Anbaus gibt es direkte Maßnahmen. Zu diesen zählt der gezielte Einsatz von Nützlingen, die heutzutage auch schon vom Hobbygärtner bezogen werden können. Die Information über diese Möglichkeit sollte der Fachhandel parat haben. Man kann gegen Blattläuse Florfliegen und Gallmücken einsetzen, gegen Weiße Fliege die Schlupfwespe und gegen die Rote Spinne die Raubmilbe. Dieses lohnt sich aber nur im Gewächshaus oder an Zimmerpflanzen.

Gegen Gemüsefliegen wie Möhren-, Kohl-, Rettich- oder Porréefliege kann man die Kulturen mit dünnem Vlies oder Spezialnetzen abdecken. Diese sind seit kurzem zu diesem Zweck erprobt und im Handel. Das Aufstellen von Gelbtafeln gegen Möhrenfliege, Rapsglanzkäfer oder Weiße Fliege ist gut zu überlegen, da an diesen Tafeln auch andere Insekten kleben bleiben. Bei akut starkem Befall kann man auf biologische Handelspräparate zurückgreifen, z. B. solche auf Pyrethrumbasis. Das geläufigste ist das Spruzit.

ren sein, daß Schädlingsbefall oder Krankheiten nicht ohne Ursache auftreten. Bekämpft man den Schädling direkt, so bekämpft man das Symptom. Besser und von länger anhaltender Wirkung ist die Beseitigung der Ursachen. Die mindeste Voraussetzung, um diese zu erkennen, ist allerdings eine gute Beobachtungsgabe und ein unvoreingenommenes Auge. Wer sich hiermit gezielt auseinandersetzen will, kann zusätzlich ein Buch über biologischen Pflanzenschutz zu Rate ziehen.

Überall dort, wo der Mensch nichts gesät oder

Übersicht 9: Herstellung und Anwendung von Pflanzenextrakten zum vorbeugenden Pflanzenschutz ▶

gepflanzt hat, läßt die Natur ihre Kräuter wachsen. Wann sie zu Unkräutern werden, entscheidet der Mensch.

Es ist meist dort, wo sie Kulturpflanzen im Wachstum behindern können. So kann auch eine Kartoffelstaude in einem Möhrenbeet Unkraut sein.

Die Pflanzen, die wir in der Regel als Unkräuter bezeichnen, zeigen oftmals an, mit welchem Boden wir es zu tun haben. So deutet Ackerdistel auf eine verdichtete Schicht im Boden, Vogelmiere zeugt von Stickstoff- und Humusreichtum. Quecke und Giersch zeigen einen verdichteten, sauerstoffarmen Boden an. Schachtelhalm wächst gut in einem sauren Boden, der zu Staunässe neigt. Dieses sind nur wenige Beispiele dafür, daß auch die Unkrautflora ein Lehrmeister des Gärtners sein kann. Hierbei ist es wichtig, nicht nur auf einzelne

Jauchen:
Die Pflanzenteile werden in einem Eimer oder sonstigen Gefäß mit Regenwasser angesetzt und an einen möglichst warmen Ort gestellt. Es wird täglich umgerührt. Wenn die Schaumbildung aufhört und die Jauche dunkel ist, kann sie verwendet werden. Zur Geruchsbindung kann das Gefäß abgedeckt werden. Es kann auch eine Handvoll Gesteinsmehl dazugegeben werden.

Tees:
Das Pflanzenmaterial mit kochendem Wasser übergießen und mindestens 10 Minuten ziehen lassen.

Ackerschachtelhalmtee:
Das Pflanzenmaterial mit Wasser 30 Minuten sieden lassen, dann 24 Stunden stehen lassen und absieben.

Kaltwasserauszug:
Pflanzenmaterial mit Regenwasser je nach Temperatur 6-24 Stunden stehen lassen (leichte Schaumbildung) dann absieben.

Übersicht 10: Liste möglicher Pflanzenextrakte

Pflanzenart	benötigte Materialmenge je Liter Wasser	Verdünnung (Extrakt:Wasser)	Anwendung
Ackerschachtelhalm	15 g/l, trocken 100 g/l, frisch	Tee 1:5 Jauche 1:10	Pilzkrankheiten spritzen, gießen
Baldrian	Blüten zu Saft pressen	5 Tropfen/10 l 5 Min. rühren	Frostschutz Fördert Umsetzungsvorgänge im Boden, spritzen
Brennessel	15 g/l, trocken 100 g/l, frisch	Jauche 1:10 Kaltwasserauszug unverdünnt	Wachstumsförderung gießen gegen Blattläuse spritzen
Comfrey	100 g/l, frisch	Jauche 1:10	Wachstumsförderung gießen
Rainfarn	100 g/l, trocken Blüten und Blatt	Tee unverdünnt	gegen Obstmade und Obstmilben
Schnittlauch	100 g/l, frisch	Tee 1:5	Pilzkrankheiten
Wermut	30 g/l, trocken 250 g/l, frisch	Tee 1:10	gegen saugende und beißende Insekten

Übersicht 11: Eine Auswahl von Pflege- und Pflanzenschutzmitteln für den Biogarten

Handelsbezeichnung	Wirkstoff	Anwendung
Bio-S	Kräuter Mineralstoffe Schwefel	vorbeugend gegen Pilzkrankheiten
C-P Mineralpulver	Silizium	vorbeugend gegen Pilzkrankheiten
Dipel	Bacillus thuringiensis	zur Bekämpfung von Raupen
NAB-Brühe	Netzschwefel Mineralstoffe Algenkalk	gegen Schorf und Mehltau an Obstgehölzen
Polymaris	Algen Kräuter org. Düngerauszug	Gießdünger für Zimmerpflanzen
Preicobakt	Tonerden Kräuter	Stammanstrich und Kronenspritzung für Obstgehölze
Spruzit	Pyrethrum Derris	Kontaktinsektizid
SPS	Wildkräuterextrakt	vorbeugend gegen Pilzkrankheiten
Wasserglas	Natriumsilikat	vorbeugend gegen Pilzkrankheiten, direkt gegen Wintereier von Schadinsekten auf Obstgehölzen

Arten seine Aufmerksamkeit zu richten, sondern sie auch in ihrer Zusammensetzung zu betrachten. Sonst kann man leicht zu Fehlschlüssen kommen.

Ein Teil dieser Unkräuter dient dem biologischen Gärtner in Form von Tee oder Jauche als Pflegemittel für die Kulturpflanzen. Dem Heilkräuterkundigen dienen sie, um diese oder jene Beschwerden des Menschen zu lindern oder zu heilen (siehe Übersicht 13).

An all den Stellen, an denen das Unkraut unerwünscht ist, gilt der Spruch »Wehret den Anfängen«. Das bedeutet, daß gehackt wird, solange das Unkraut noch klein ist, am besten gleich, nachdem es aufgelaufen ist. Es erfordert allerdings ein gutes Auge, um diese Pflänzchen zeitig zu erkennen. Man hackt am besten an sonnigen Tagen, da das Unkraut dann sofort vertrocknet. Alle Stellen, an denen nicht gehackt werden kann, sollten gründlich gejätet werden. Außer den Wurzelunkräutern wie Quecke und Giersch kommt alles auf den Kompost. Aus den Wurzelunkräutern kann man einen eigenen Kompost aufbauen. Dieser kann auch mehrere Jahre liegenbleiben. Hat er eine akzeptable Größe erreicht, wird er durchgesiebt. Man erhält eine feine, sehr fruchtbare Erde, die vor allem für die Anzucht von Kohlgewächsen gut geeignet ist.

Die beim Durchsieben anfallenden Reste bilden den Grundstock für einen neuen Wurzelunkrautkompost.

Obstgarten

Für den Erfolg des Gärtners ist die Wahl geeigneter Sorten eine wichtige Voraussetzung, denn nicht jede Sorte wird sich für unseren Garten eignen. Neben Boden und Klima hat auch der Aussaat- oder Pflanztermin einen erheblichen Einfluß auf den Ertrag. Jeder wird seine eigenen Erfahrungen sammeln müssen. Eine Hilfe bei der Sortenwahl sollen aber die beiden folgenden Übersichten bieten. Wann die Aussaat oder Pflanzung der verschiedenen Gemüsearten ins Frühbeet, unter Folie oder ins Freiland erfolgt, wird in Kapitel 3 gesagt. Weitere wichtige Hinweise zur Wahl geeigneter Obstarten und -sorten sowie eine Anleitung zum richtigen Pflanzen findet sich in Kapitel 3, im Monat Oktober.

Übersicht 12: Empfehlenswerte Gemüsesorten

Gemüseart	nähere Bezeichnung	Sorte
Blumenkohl	früh	Opaal, Alpha-typen
	mittel	Celesta
	spät	Flora Blanca
Buschbohne		Saxa, Maxi, Solores
Chinakohl		Early Market, Nagaoka-typen
Eissalat		Fortessa, Great Lakes, Ithaca
Endivie	Sommer-	Frisée
	Winter-	Escariol
Erbse	Mark-	Wunder v. Kelvedon, Senator
	Pal-	kleine Rheinländerin, Maiperle
	Zucker-	Zuga
Feldsalat		Vit, Dunkelgrüner Vollherziger
Frühkartoffel		Holländer Erstling
Gurke	Einlege-	Vorgebirgstraube, Hok
	Schlangen-	Neckarruhm, Bella
Grünkohl		Halbhoher Grüner Krauser, Lerchenzungen
Knollensellerie		Monarch, Invictus
Knollenfenchel		Zefafino
Kohlrabi		Lanro, Azur Star, Blaro
Kopfsalat	früh	Maikönig, Reska
	Sommer-	Cindy, Soraya, Kagraner Sommer
	Herbst-	Cindy, Reska

Übersicht 12: (Fortsetzung)

Gemüseart	nähere Bezeichnung	Sorte
Möhre	früh	Nantaise-Typen
	Lager-	Lange Rote Stumpfe ohne Herz
Porrée	Sommer-	Hannibal, Titan
	Herbst-	Elephant
	Winter-	Alaska, Blaugrüner Winter
Radies	früh	Cherry Belle, Rundes halbrot-halbweiß
	Sommer	Parat, Champion, Eiszapfen
Rettich	Sommer	Rex
	Winter	Runder Schwarzer Winter
Rosenkohl		Harald, Prince Ashold
Rote Bete		Rote Kugel
Rotkohl		Marner Frührot, Dauerrot
Spinat	früh	Matador, Monnopa
	Sommer	Butterfly
Stangenbohne		Feuerbohne, Perle v. Marbach, Trebona
Tomate		Haubners Vollendung, Matina
Weißkohl	früh	Marner Allfrüh, Spico, Erstling
	mittel	September Weißkohl, Wiam
	Lager	Amager, Dauerweiß
Wirsing	früh	Eisenkopf, Vorbote
	mittel	Marner Grünkopf, Advent
	spät	Grüfewi, Wigro

Übersicht 13: Gewürzkräuter für den Biogarten (⊙ einjährig ⊙ zweijährig 2| Staude)

Pflanzenart	Saatmenge (g/m²)	Keimdauer (Tage)	Keimfähigkeit (Jahre)	Zeitpunkt der Pflanzung (1 = Januar bis 12 = Dezember) Aussaat	Pflanzung	Pflanzenabstand (cm)	verwendete Pflanzenteile	Verwendung in der Küche	Verwendung für Heilzwecke
Basilikum ⊙	0,3	7-15	4	ab 3	ab 5	25 × 25	junge Blätter Triebspitzen	Tomatengerichte Lamm, Hammel, Fisch	Nervosität Blähungen Magen-, Darmbeschwerden
Bohnenkraut ⊙	1	14-21	1	ab 4		25 × 25	Blätter junge Triebe	Hülsenfrüchte, Wurstsalat, Eintopf	Schleim lösend beruhigend stopfend
Borretsch ⊙	1	6-10	2-3	ab 4		30 × 5	junge Blätter Blüten	Gurkensalat Salate	Herz stärkend Fieber senkend Stoffwechsel anregend
Dill ⊙	1-2	10-16	4	ab 4		25 × 1	Blätter Kraut Samen	Salate Fisch Gurken	Appetit anregend Verdauung fördernd Magen stärkend
Dost 2|	0,5	28	2-3	2-5	4-7	25 × 25	Blätter	ital. Küche	desinfizierend Galle fördernd Krampf lösend
Estragon 2|	0,5	5-10	2-3	2	5	40 × 30	junge Triebe	franz. Küche, Eintopf, Salate	Menstruationsfördernd, Fäulniswidrig
Kerbel ⊙	0,5	10-14	3	ab 4		15 × 1	Kraut	Suppe, Omelette	Blut reinigend, Harntreibend, Leber entschlackend
Lavendel 2|	0,5	21	1-2	3	5	30 × 30	Blätter Blüten	Fischsuppe, Hammel, Eintopf	beruhigend, Krampf lösend, Schlaf fördernd

Name							Pflanzenteil	Verwendung	Wirkung
Liebstöckel ♃	0,3	14–21	kurz	8	4–9	50×40	Blätter, Wurzel, Samen	Eintopf, Schmorbraten	gutes Anregungsmittel, entgiftend nach Nikotin- und Alkoholgenuß
Majoran ☉	0,5–1	14–24	2–3	ab 5		20×15	Kraut, Blätter, Blüten	ital. Küche, Wurstgewürz, Eintopf	Kreislauf anregend, erwärmend, Magen stärkend
Petersilie ☉	0,8–1	21–30	2	3		30×1	Blätter, Wurzel, Samen	Kartoffeln, Salat, Gemüse	Harn treibend, Appetit anregend, belebend
Pfefferminze ♃	Vermehrung durch Wurzelableger					30×30	Blätter	Süßspeisen, Lamm, Hammel, Tee	Stoffwechsel anregend, desinfizierend, Entzündung hemmend
Pimpinelle ♃	3	14–21	2–3	5	5	25×5	Blätter	Gemüsesuppe, Salate	Fäulniswidrig, Entzündung heilend
Rosmarin ♃	0,5	30	2–3	2	5	30×30	Blätter	Fleisch, Tomaten	Herzheilpflanze, desinfizierend, erfrischend und anregend
Salbei ♃	0,3	8–14	1–2	2–5		40×30	Blätter	Lamm, Hammel, Innereien, Füllungen	Keim tötend, Blut reinigend, Schleim lösend
Schnittlauch ♃	0,5–1	14–21	1	4	6	20×20	Blätter	Salat, Eigerichte	–
Thymian ♃	0,5	8–14	2	4	6	20×20	Blätter, Triebspitzen	ital. Küche, Fleisch	Appetit anregend, desinfizierend, Schleim lösend
Zitronenmelisse ♃	0,5	14–30	2–3	4	8	30×30	Blätter	Salat, Tee, Bowle	erfrischend, Schmerz stillend, Schweiß treibend

Übersicht 14: Empfehlenswerte Obstsorten (nach Pflückreife geordnet)

Sorte	Pflückreife	genußreif ab	lagerfähig bis
Apfel			
Klarapfel	Juli	Juli, August	–
James Grieve	August	September	Dezember
Gravensteiner	August	September	Dezember
Goldparmäne	September	September	Dezember
Geheimrat Oldenburg	September	September	Dezember
Cox Orange	September	Oktober	Februar
Roter Berlepsch	Oktober	November	März
Boskoop	Oktober	Dezember	April
Glockenapfel	Oktober	Januar	April
Ontario	Oktober	Januar	April
Birnen			
Clapps Liebling	August	September	–
Williams Christ	August	September	–
Gellerts Butterbirne	September	September	Oktober
Gute Luise	September	September	Oktober
Conference	September	Oktober	November
Köstliche von Charneux	Oktober	November	–
Alexander Lucas	Oktober	November	Dezember
Gräfin von Paris	Oktober	November	Dezember

Pflaumen, Renekloden, Mirabellen, Zwetschen

The Czar	Anfang–Mitte August
Bühler Frühzwetsche	August
Ontariopflaume	August
Nancymirabelle	August
Große Grüne Reneklode	Anfang August–Mitte September
Hauszwetsche	September–Oktober

Süßkirschen

Kassinsfrühe	Frühreifend	1./2. Kirschwoche
Große Prinzessin	Mittelfrüh	3./4. Kirschwoche
Große Schwarze Knorpel	Mittelspät	4./5. Kirschwoche
Hedelfinger Riesen	Spät	5. Kirschwoche

Sauerkirschen

Koröser Weichsel	Früh	3./4. Kirschwoche
Schattenmorelle	Spät	6./7. Kirschwoche

Unterlagen für Obstgehölze

Die Wahl der richtigen Unterlage bildet eine wichtige Voraussetzung für einen erfolgreichen Obstanbau im Garten. Sie richtet sich nach Boden und Klima, der gewünschten Baumform und Sorte, und beeinflußt den Ertrag, die Ausfärbung der Früchte und deren Lagerfähigkeit, den Ertragsbeginn, die Alterung und Regenerationsfähigkeit der Gehölze, ihre Frosthärte, ihr Wasser- und Nährstoffaneignungsvermögen, Fruchtbarkeit und Alternanz. Der Hobbygärtner sollte sich deshalb beim Kauf von Obstgehölzen vom Fachmann beraten lassen. Über einige Grundkenntnisse sollte er selbst aber auch verfügen. Diese vermittelt ihm folgende Übersicht.

Die in der folgenden Übersicht zusammengefaßten Unterlagen für Äpfel gehören der Malling-Reihe an. Sie erhielten die Kurzbezeichnung M für Malling, da sie im Ostbau-Institut in East-Malling, in England, gezüchtet wurden.

Übersicht 15: Unterlagen für Obstgehölze

Art	Unterlage	Eigenschaften
Apfel	M 9	schwachwüchsig, frostempfindlich, nicht standfest, frühe Fruchtbildung, kragenfäuleresistent, blutlausanfällig
	M 26	mittelstark wüchsig, nicht standfest, fördert Fruchtgröße
	MM 106	frühes, gleichmäßiges Fruchten, blutlausresistent, stärker wüchsig, standortanpassungsfähig
	M 4	kräftiges Wachstum, Alternanz, nicht standfest, fördert Fruchtqualität
	Sämling	Standfest, starkwachsend, standortanpassungsfähig, hohe Frostresistenz, kleine Früchte
Birne	Quitte	gedeiht schlecht auf Kalk
	Birne	auch für Spalierobst
Sauerkirsche	Steinweichsel	
Süßkirsche	Vogelkirsche	
Pflaume	Prunus ›Ackermann‹ ›St. Julienpflaume‹	

3
Der biologische Gemüse-, Obst- und Ziergarten im Jahreslauf

Januar

Arbeiten im Januar:
- Heft für Gartennotizen anlegen
- Anbauplan erstellen
- Vorräte an Saatgut, Dünge- und Pflegemitteln durchsehen und ergänzen
- Keimproben ansetzen
- Gerätepflege
- Winterfütterung der Vögel

In der Regel ist der Januar neben dem Februar der kälteste Monat des Jahres. Wenn die Erde unter Eis und Schnee ruht, ist für den Gärtner die beste Zeit, sich das vergangene Jahr vor das innere Auge zu stellen. Die Dinge, mit denen er zufrieden war, behält er im neuen Jahr bei, bei denjenigen, die ihm nicht gefallen haben, überlegt er, wie er sie bessern oder ändern kann. Hierbei sind Aufzeichnungen aus einem oder auch mehreren Gartenjahren eine große Hilfe.

Daher sollte jeder – ob Neuling oder alter Hase – jetzt ein Heft für Gartennotizen anlegen. Ein solches Heft beginnt zweckmäßig mit einem Plan des eigenen Gartens.

◄
Der Garten liegt unter einer schützenden Schneedecke. Dies ist die Zeit, in der wir in Ruhe für das kommende Gartenjahr planen können

An weiteren Aufzeichnungen folgen im Laufe des Jahres:
- Wetterbeobachtungen
- durchgeführte Gartenarbeiten
- Kulturbeobachtung

Die Wetterbeobachtungen umfassen Messungen der Lufttemperaturen und des Niederschlages (Regen, Schnee, Hagel oder Tau). Die Regenmenge läßt sich leicht mit einem Regenmesser feststellen. Es gehören außerdem dazu die Bestimmung der Windverhältnisse (Windstärke und -richtung) sowie der Sonnenscheindauer und die Ermittlung des Bewölkungsgrades.

In der Rubrik Gartenarbeiten notiert man die Art und den Zeitpunkt der Arbeit.

Zu den Kulturbeobachtungen gehören die Aussaat- und Pflanzzeiten der Kulturen; der Beginn des Auflaufens; Blühbeginn der Zierpflanzen und -sträucher sowie der Obstgewächse; Erntebeginn und -menge, Schädlingsbefall; das Auftreten von Pflanzenkrankheiten und die Zusammensetzung des Unkrautbewuchses.

Diese Dinge können jedesmal, sobald man aus dem Garten heimkehrt, in wenigen Stichworten unter dem Tagesdatum notiert werden.

Zu den weiteren Arbeiten des Januar, die das neue Gartenjahr vorbereiten sollen, gehört es, sich einen Überblick über die vorhandenen Vorräte an Saatgut, Dünge- und Pflegemitteln zu verschaffen. Fehlendes sollte jetzt ergänzt werden, damit es bei Bedarf vorhanden ist.

Das Saatgut sollte unpilliert und ungebeizt sein. Auf jede Samentüte sollte, sofern vom Züchter kein Haltbarkeitsdatum vermerkt ist, das Einkaufsdatum geschrieben werden. Samen verlieren an Keimkraft, je länger sie liegen. Bei einigen Arten geht es schneller, bei anderen langsamer (siehe Übersicht 13). Die Haltbarkeit hängt auch von der Lagerung ab. Werden die Samen kühl und trocken gelagert, hält die Keimkraft länger an. Ist man darüber im Zweifel, ob die Samen noch keimen, legt man eine Keimprobe an. Dazu werden mindestes 10 Samen auf etwas feuchte Watte in einen Untersetzer gelegt und mit Glas oder Folie abgedeckt. Man läßt sie bei Zimmertemperatur stehen, befeuchtet regelmäßig und zählt, wieviele Samen keimen. Der Test wird beendet, wenn fast alle Samen gekeimt sind, spätestens aber nach vier Wochen. Samen, die ihre Keimfähigkeit fast völlig verloren haben, werden weggeworfen oder besser als Vogelfutter verwendet.

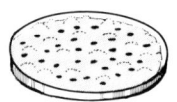 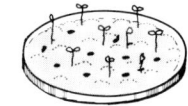

Das Ansetzen einer Keimprobe:
1. Der Untersetzer mit der angefeuchteten Watte und den Samen
2. Ein Teil der Samen ist gekeimt. Jetzt wird ausgezählt

Bei der Bestellung oder dem Einkauf neuer Samen kann man Saatgutkataloge als Hilfe heranziehen. Hier finden sich oft Angaben über notwendige Saatgutmengen und Kulturhinweise wie Aussaatzeit und Reihenabstände (siehe auch Kap. 2: Übersicht 12 und 13).
Eventuelle Reste chemischer Pflanzenschutzmittel oder leicht löslicher Mineraldünger kann man an den Handel zurückgeben, oder per Annonce verkaufen. Es gibt genug Interessenten. Auf keinen Fall sollten diese Reste in die Mülltonne wandern. Sieht man keine Möglichkeit, sie loszuwerden, können sie auch bei den immer üblicher werdenden Sammlungen von Sondermüll abgegeben werden.

Gemüsegarten
Es sollte jetzt ein Jahresplan über die Frucht- und Kulturfolgen auf den einzelnen Beeten aufgestellt werden, damit man sich bei der praktischen Arbeit nicht verkalkuliert. Zu berücksichtigen sind der Bedarf an einzelnen Gemüsearten, deren Kulturzeiten und Fruchtfolgeverträglichkeit (siehe Kapitel 2). Hierbei erkennt man schon, daß man nur anhand der Notizen des letzten Jahres alles richtig berücksichtigen kann.

Obst- und Ziergarten
Wichtig ist jetzt die Winterfütterung der Vögel. Die Vogelhäuser werden regelmäßig daraufhin kontrolliert, ob noch genug Nahrung vorhanden ist. Man füttert mit Körner- und Weichfutter, wie z. B. Apfel oder Birne. Brot- und Kuchenreste gehören nicht ins Vogelhaus. Leere Meisenringe werden erneuert. Ist der Winter milde, so daß die Vögel genug Nahrung finden, setzt man mit dem Füttern aus. So können den Vögeln die Schadinsekten, die durch die Milde des Winters am Leben bleiben, als Nahrung dienen.
Durch die regelmäßige Winterfütterung gewöhnt man die Vögel an den Garten, in dem sie dann im Sommer fleißige Helfer gegen Schadinsekten sind.
Liegen die Temperaturen um den Gefrierpunkt oder höher, kann der Obstbaumschnitt fortgesetzt werden. Um diese Jahreszeit sollte nur der Auslichtungsschnitt erfolgen, d. h., es wird so viel altes Holz aus den Bäumen oder Hecken genommen, daß die verbliebenen Zweige genügend Licht und Luft bekommen. Bei den Kernobstbäumen (Apfel und Birne) gilt die Regel, daß sie um so schwächer wachsen, je später der Winterschnitt durchgeführt wird.
Wer sich mit dem Obstbaumschnitt näher auseinandersetzen will, sollte jetzt entsprechende Kurse besuchen oder Spezialliteratur studieren (Grounds, So schneidet man Zier- und Obstgehölze aus der Reihe »Pareys bunte Gartentips«), da hier der Platz zu knapp ist, um alle notwendigen Einzelheiten zu besprechen.
Die Neuanlage von Rasenflächen und Neupflanzungen von Bäumen und Sträuchern sollten überlegt werden, da die Flächen dafür entsprechend vorbereitet werden müssen.

Wer ein Frühbeet besitzt und Stallmist besorgen kann, sollte jetzt alle Vorbereitungen für die Anzucht seiner Pflanzen treffen

Wie mit den Gemüsesamen, so sollte auch mit den Sommerblumensamen und deren Beschaffung verfahren werden.

Alle Geräte und Maschinen erfahren, sofern notwendig, eine gründliche Überholung und Reparatur.

Februar

Arbeiten im Februar:
- Anzuchtgefäße reinigen
- Anzuchterde bereitstellen
- Frühbeet vorbereiten
- Nistkästen durchsehen und reinigen
- Obstbaumschnitt, Stammpflege, Leimringe entfernen
- Wellpappenringe anbringen
- Geranien- und Fuchsienstöcke pflegen
- Frühkartoffeln zum Vorkeimen aufstellen
- Aussaat gegen Monatsende auf der Fensterbank:
  Gemüse:
  Kopfsalat, Kohlrabi, Sellerie, Tomaten
  Zierpflanzen:
  Ageratum, Heliotrop, Penstemon, Verbenen

Es läßt sich darüber streiten, ob ein Hobbygärtner seine Jungpflanzen selber anziehen sollte oder nicht. Der biologische Gärtner wird Wert darauf legen, soweit es die räumlichen Gegebenheiten zulassen, da schon bei der Anzucht die Grundlage für das spätere kräftige und gesunde Pflanzenwachstum gelegt wird.

Alle Anzuchtgefäße sollten zuerst gründlich gereinigt werden. Als Anzuchterde nimmt man den speziell im Herbst dafür aufgesetzten Kompost, oder eine Mischung aus gut ausgereiftem, gesiebtem Kompost und Sand. Besorgt man sich eine fertige Anzuchterde im Gartenhandel, sollte sie keine leichtlöslichen Mineraldünger enthalten.

Die fertige Anzuchterde sollte mehrere Tage an einem warmen Ort stehen, z. B. in der Küche oder im Keller, damit sie sich erwärmt. Samen oder Jungpflanzen sollten nie in kalte Erde gesetzt werden, da sich dann Keimung und Wachstum verzögern. Jede Verzögerung – genauso wie jedes zu schnelle Treiben, z. B. bei hohen Temperaturen und wenig Licht – schwächt die Pflanze und gibt Krankheiten und Schädlingen eine bessere Angriffsmöglichkeit. Die Wachstumsfaktoren Temperatur, Licht, Wasser und Nährstoffe müssen in einem ausgewogenen Verhältnis zueinander stehen (siehe Kapitel 1).

Dann wird die Erde in die Anzuchtgefäße gefüllt und leicht angedrückt. Für die Jungpflanzen, die in einem kleineren Garten benötigt werden, reicht als Gefäß pro Art ein 10er Topf.

Der Samen wird dünn ausgesät, angedrückt und leicht mit Erde bedeckt. Der Topf wird etikettiert, die Aussaat, sofern die Erde nicht vorher angefeuchtet wurde, mit einem Tee aus Akkerschachtelhalm gegossen (siehe Kapitel 2). Dieser soll Pilzinfektionen vorbeugen. Der Topf wird mit einer Glasscheibe oder mit Frischhaltefolie zugedeckt (so daß eine rasche Verdunstung des Wassers verhindert wird) und bei Zimmertemperatur aufgestellt. Die Erde sollte nicht austrocknen. Es wird nur mit abgestandenem, zimmerwarmem Wasser gegossen, bis die Pflanzen ins Freie kommen. Beginnen die Samen aufzulaufen, sollten die Anzuchtgefäße möglichst hell stehen. Die Folie oder das Glas werden jetzt entfernt und Pflanzen und

Erde mit Holzkohlengrus bestäubt. Holzkohlengrus erhält man, indem man verkohlte Holzteile, z. B. Reste eines Grillfeuers, zu Pulver zerstampft. Ein halbes Marmeladenglas voll reicht für 1–2 Jahre. Es muß trocken aufbewahrt werden.

Wird das erste Laubblatt sichtbar, werden die Pflanzen pikiert, d. h. in einem neuen Anzuchtgefäß – zweckmäßigerweise meist eine flache

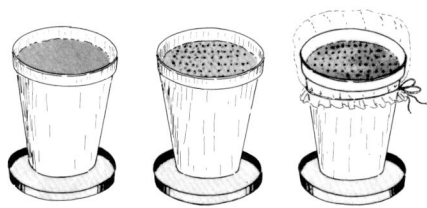

Jungpflanzenanzucht auf der Fensterbank:
1. Blumentopf mit Anzuchterde gefüllt und angedrückt
2. Samen gleichmäßig ausgesät
3. Alles mit durchsichtiger Folie zugebunden

Kiste oder kleine Töpfe – in einem weiteren Abstand neu eingesetzt, damit sie mehr Platz zum Wachsen haben. Auch nach dem Pikieren wird mit Holzkohlengrus bestreut und wenigstens einmal mit Schachtelhalmtee gegossen. Statt Holzkohlengrus und Schachtelhalm kann man auch C-P Mineralpulver über die Pflanzen stäuben.

Wenn Schnee und Eis verschwinden und es frühlingsmäßig wird, werden die Nistkästen durchgesehen und gereinigt. Damit werden die Spatzenwinterquartiere beseitigt, und die Nistkästen sind für ihre Sommerbewohner gut vorbereitet.

Nistkästen sind Nistgelegenheiten für Höhlenbrüter wie Meisen, Baumläufer und Kleiber und Halbhöhlenbrüter wie Rotschwänze und Fliegenschnäpper. Für Freibrüter wie Grünfink, Grasmücke und Buchfink schafft man in Hecken und Gebüsch Nistgelegenheiten durch Binden oder Schneiden von Astquirlen.

Die Nistkästen werden mit der Öffnung nach Südosten – zur wetterabgewandten Seite – aufgehängt.

Die Vogelhäuser müssen bei Eis und Schnee

auch jetzt noch regelmäßig mit Nahrung versorgt werden. Das Futter sollte über einen Futterautomaten in der Mitte des Vogelhauses nachgeliefert werden, da es andernfalls durch die Verunreinigung des Futters zur Ausbreitung von Krankheiten beigetragen wird.

Gemüsegarten

Der Februar ist der Monat, in dem man alle Gartenarbeiten, die die Witterungsverhältnisse zulassen, erledigen sollte. Im März, dem Hauptarbeitsmonat des Frühlings, sollte man beide Hände für die Gartenvorbereitung und notwendige Aussaaten frei halten. Sofern ein Frühbeet vorhanden ist, wird dieses für die Jungpflanzenzuchten vorbereitet. Eventuelle Reste der Gemüselagerung werden beseitigt. Der Boden wird mit der Grabgabel gelockert und dann geharkt. Das Frühbeet wird mit den reparierten Fenstern abgedeckt, damit sich darunter die erste Wärme sammeln kann.

Hat man kein Frühbeet zur Verfügung, kann man ein Stück Gartenland ebenso vorbereiten und einen der im Handel erhältlichen Folientunnel darüberbauen.

Mitte des Monats können die ersten Aussaaten auf der Fensterbank erfolgen. Es können Kopfsalat, Kohlrabi, Tomaten und Sellerie

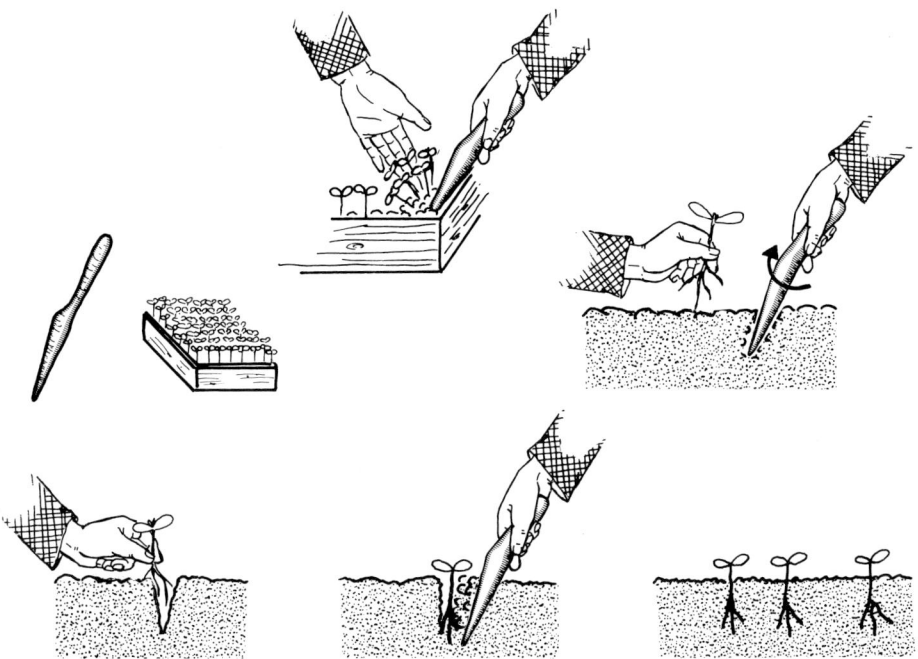

So wird pikiert:
1. Pikierholz und Kiste mit aufgelaufenen Sämlingen
2. Die Sämlinge werden mit dem Pikierholz gelockert und herausgezogen
3. Mit dem Pikierholz wird ein Loch in die Erde gebohrt
4. Die Pflanze wird mit geraden Wurzeln – eventuell müssen diese dazu etwas abgekniffen werden – bis an die Keimblätter in das Loch gesetzt
5. Mit dem Pikierholz wird die Erde an die Pflanze gedrückt
6. Jetzt haben die Sämlinge genug Platz für weiteres Wachstum

ausgesät werden. Sellerie ist ein Dunkelkeimer. Er muß nach der Aussaat dunkel abgedeckt werden (z. B. mit einem Untersetzer), wenn er auflaufen soll. Es kann auch bis zu 3 Wochen dauern, bis der Sellerei aufläuft, während die anderen Arten bei Temperaturen um 20 °C schon nach 1-2 Wochen gekeimt sind. Frühkartoffeln werden Ende des Monats in flachen Kisten einlagig zum Vorkeimen aufgestellt. Sie sollten dazu an einem hellen, mäßig warmen Ort stehen. Durch das Licht werden die Keime kurz und grün. Je weniger Licht sie bekommen, desto heller, länger und empfindlicher werden die Keime (siehe Kapitel 1). Jeder abgebrochene Keim raubt der Kartoffel Kraft, da sie dann neue Keime bilden muß.

Obstgarten
Ende des Monats sollte der letzte Obstbaumschnitt abgeschlossen sein. Nur junge und starkwüchsige Bäume werden noch im März

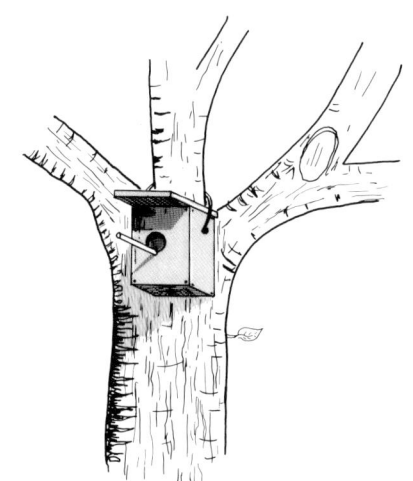

Ein Vogelnistkasten bringt uns wichtige Helfer in den Garten

Beispiel für ein kleines, selbstgebautes Frühbeet.
Auch in einem Folientunnel können die ersten Jungpflanzen angezogen werden

geschnitten. Alle abgeschnittenen Äste und Reisig werden verbrannt, sofern dies erlaubt ist. Die dabei anfallende Holzasche wird trocken aufbewahrt. Sie ist ein mineralhaltiger Dünger, der bei Bedarf direkt gestreut werden kann oder kompostiert wird. Dagegen ist Koks- und Brikettasche wegen der darin enthaltenen Schwefelverbindungen schädlich.
An frostfreien Tagen wird die Behandlung der Baumstämme, sofern sie im Herbst nicht abgeschlossen worden ist, fortgesetzt. An allen Bäumen wird jetzt die Erde am Wurzelhals sorgfältig entfernt.

Dort überwintern mit Vorliebe die Blutläuse. In einem milden Winter findet man diese Kolonien auch am Stamm oder in der Krone. Sie bilden weiße, watteähnliche Nester. Drückt man darauf, tritt ein roter Saft aus. Die Nester bestehen aus Wachsausscheidungen, unter denen die Läuse sitzen – geschützt gegen jedes Spritzmittel. Man kann sie mit heißem Wasser (ca. 50 °C) auspinseln.
Die Leimringe werden von den Stämmen entfernt und verbrannt. Sie werden jetzt durch Wellpappenringe ersetzt. Diese sollen 20 cm

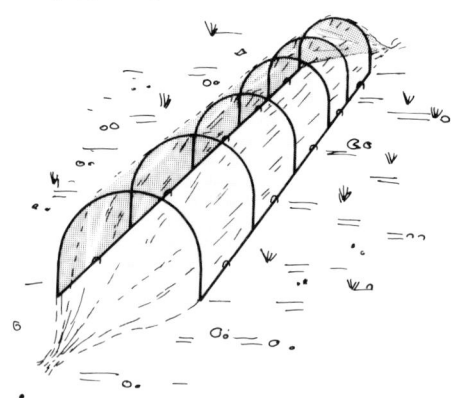

breit sein. Sie werden mit dem gewellten Teil nach innen am oberen Rand fest, am unteren locker an den Stamm gebunden. Die Insekten verkriechen sich darunter und gelangen so nicht bis in die Krone. Diese Ringe werden alle 4 Wochen nachgesehen, und, wenn sie voll Insekten sitzen, verbrannt und durch neue ersetzt. Die Asche streut man auf die Baumscheiben.

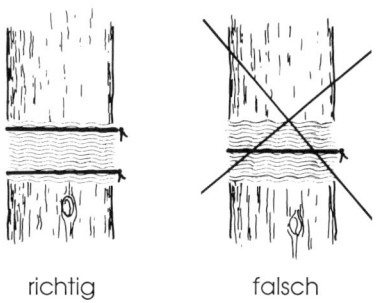

richtig falsch

So wird der Wellpappenring am Stamm richtig angebracht

Ziergarten

Die im Keller eingewinterten Dahlienknollen (siehe Oktober) werden ebenso wie die Geranien- *(Pelargonium)* und Fuchsienstöcke durchgesehen. Zeigen Geranien und Fuchsien bereits einen neuen Trieb, sollte mit regelmäßiger Pflege begonnen werden. Zuerst werden die Pflanzen stark zurückgeschnitten. Dann müssen sie an einen helleren und wärmeren Platz gestellt und regelmäßig gegossen werden. Ein bis zwei Wochen später werden sie in frische Erde umgesetzt. Hierzu kann die bereits beschriebene Anzuchterde verwendet werden.

Will man auch im Winter blühende Sträuße in der Wohnung haben, schneidet man sich Zweige der Forsythien oder von dem durch den Obstbaumschnitt angefallenen Reisig, stellt sie in die Vase und verfrüht so ihre Blüte. Nur Weiden sollte man verschonen. Der Nektar ihrer Kätzchen stellt für die Bienen im Frühjahr die erste ergiebige Nahrung dar. Je wärmer solche Sträuße stehen, desto schneller und vollständiger blühen sie auf.

März

Arbeiten im März:
- Schachtelhalmteespritzung
- Preicobaktspritzung
- Kompostarbeiten
- Rhabarber zum Treiben bedecken
- Wundbehandlung der Bäume
- Baumscheiben anlegen
- Rasen vertikutieren
- Rosen schneiden, pflanzen
- Freilandbeete saatfertig vorbereiten
- Aussaat im Haus: Sellerie, Tomaten, Lobelien, Lobularia, Löwenmaul, Sommernelken, Tagetes, Zinnien
- Aussaat im Frühbeet: Eissalat, Frühkohl, Kopfsalat, Kohlrabi, Petersilie, Porrée, Portulak, Schnittlauch, Rudbekie, Sommeraster, Sommerphlox, Strohblumen
- Aussaat im Freiland: Gründung, Erbsen, Mangold, Möhren, Puffbohnen, Radies, Rettich, Schwarzwurzeln, Spinat, Steckrübe, Steckzwiebeln, Flockenblume, Rittersporn
- Pikieren, Topfen der Hausaussaaten: Kohlrabi, Kopfsalat, Sellerie, Tomaten; Ageratum, Heliotrop, Penstemon, Verbenen.

Der Kalender zeigt im März den Frühlingsanfang an. Das ist der Tag, an dem die Sonne den Frühlingspunkt erreicht und der Tag genauso lang ist wie die Nacht. Die Sonne steigt höher über den Horizont und hat schon die Kraft, den über Nacht gefallenen Schnee zu tauen. Es ist eine Übergangszeit. Daher kann der März noch kalt und naß sein mit Frost und Schnee oder schon warm und trocken. Im Durchschnitt der Jahre kann man im März in unseren Breiten mit 9 sommerlich warmen Tagen rechnen. Je nach Witterungsverlauf entwickelt sich die Gartenarbeit. Es ist jetzt Zeit, den Kompost durchzusieben, umzusetzen oder die über Winter angefallenen Abfälle neu aufzusetzen. Es kann auch eine Art kleiner Frühjahrsputz im Garten stattfinden. Dieses sollte aber vorsichtig geschehen, damit nicht alle Nützlinge vorzeitig aus ihrem Winterquartier gescheucht werden und zugrunde gehen.

Ende des Monats wird der ganze Garten mit Schachtelhalmtee gespritzt (siehe Übersich 9 und 10).
Durch Baldrian soll das Bodenleben angeregt, durch Schachtelhalm Pilzkrankheiten vorgebeugt werden.
Die Reste der Spritzflüssigkeit werden aufbewahrt. Bei allen weiteren Anzuchten werden einige Tropfen davon unter die Anzuchterde gemischt.

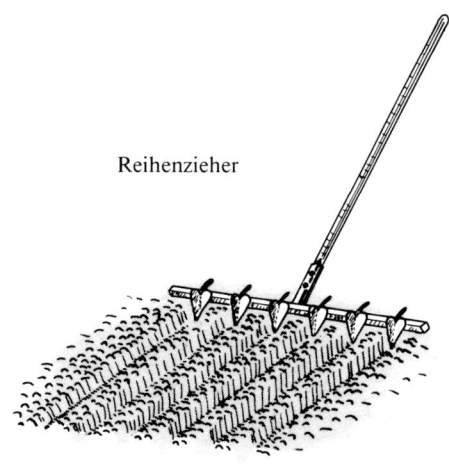

Reihenzieher

Gemüsegarten
In das Frühbeet werden jetzt die auf der Fensterbank angezogenen Kohlrabi- und Salatpflanzen pikiert. Sollen die Pflanzen dort bis zur Ernte stehenbleiben, werden sie auf Endabstand 20 cm × 20 cm gesetzt.

Aussaat direkt aus der Saattüte und Etikettierung einer Reihe

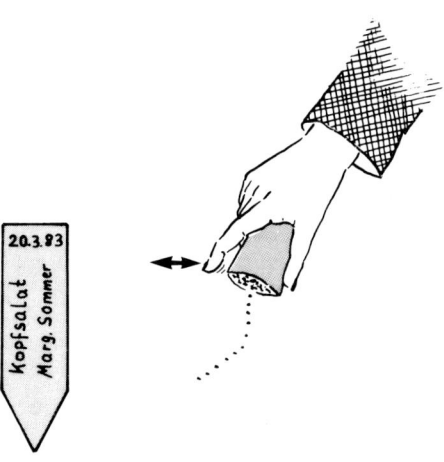

Sät man Anfang des Monats Radies ins Frühbeet, kann man die ersten bereits zu Ostern ernten. Zur Anzucht für eine spätere Freilandpflanzung werden jetzt alle frühen Kohlarten sowie Kopf- und Eissalat unter Glas ausgesät. Bei Gefahr starker Verunkrautung sollten die Reihen eine Hackbreite voneinander entfernt sein, wenn man nicht alles Unkraut von Hand beseitigen will. Mittels eines Reihenziehers mit verstellbaren Zinken lassen sich mehrere Reihen in beliebigem Abstand zur gleichen Zeit ziehen. Hat man ein sicheres Augenmaß und eine ruhige Hand, geht das auch mit einem Hackenstiel.
Wer Geschicklichkeit und Übung hat, sät direkt aus der Samentüte. Ansonsten nimmt man sich einen Unterteller zur Hilfe und legt die

Samen mit der Hand ab. Wichtig ist, daß sie nicht zu dicht nebeneinander liegen, da sie bis zum Auspflanzen hier stehenbleiben sollen und daher viel Platz brauchen.
Bei jeder neuen Gemüseart wird ein Etikett mit

50

Datum, Art- und Sortenbezeichnung vor die erste Reihe gesetzt. Wer nicht sicher ist, daß er Kulturpflanzen und Unkraut unterscheiden kann, sollte zur Markierung vor jede Reihe ein Stöckchen stecken. Nach der Aussaat werden die Reihen mit Erde bedeckt (kann mit dem Harkenrücken geschehen) und angeklopft (mit der senkrechtgestellten Harke). Alles wird leicht überbraust und die Fenster geschlossen.

Sind die Samen aufgelaufen, wird alles mit Holzkohlengrus bestäubt. Zu dicht stehende Pflanzen werden ausgedünnt. Es muß regelmäßig gewässert werden – bei normaler Witterung wird einmal pro Woche reichen –, und an sonnigen, warmen Tagen muß gelüftet oder eventuell das Fenster ganz abgenommen werden. Tritt Schwarzbeinigkeit auf, d. h. daß die Pflanzen umfallen und am Stengelgrund braun bis schwarz verfärbt sind, werden diese Pflanzen mit der sie umgebenden Erde entfernt. Es wird an drei Tagen hintereinander mit stark verdünntem Schachtelhalmtee gespritzt oder Gesteinsmehl, Holzkohlengrus oder C-P Mineralpulver an den Stengelgrund gestäubt. Mit dem Wässern sollte man dann noch vorsichtiger sein, da die Krankheit bei zu feuchter oder unausgereifter Erde auftritt.

Im Freiland werden die Beete für die ersten Aussaaten vorbereitet, sobald das Land genügend abgetrocknet ist. Die abgefrorene Gründüngung (siehe September) kann je nach Ordnungssinn des Gärtners belassen oder abgeharkt werden. Sie sollte einen feinkrümeligen Boden hinterlassen haben. Ist er zu fest, wird er mit der Grabegabel gelockert oder es wird mit dem Krail durchgegangen. Hat man im Herbst gegraben – dieses empfiehlt sich nur bei humusarmen, schweren mineralischen Böden (siehe Kapitel 1 und 2) –, wird nur noch glattgeharkt.

Bei den feinen Sämereien, die bis zum Auflaufen sehr lange brauchen, kann man Radiessamen unter das Saatgut mischen. Diese laufen sehr schnell auf, so daß die Reihen zu erkennen sind, bevor die eigentlichen Kulturpflanzen da sind. So kann schon zeitig gehackt werden. Oft können die Radies auch noch geerntet werden, ohne daß der Hauptkultur Schaden zugefügt wird. Diese Methode ist bei Möhren,

Petersilie, Schnittlauch, Porree und Schwarzwurzeln zu empfehlen. Es ist eine Hilfe zur frühzeitigen Unkrautbekämpfung.

Alle freigebliebenen Flächen sollten mit einer schnellwachsenden Gründüngung eingesät werden (siehe Kapitel 2). Die Sellerie- und Tomatenpflanzenanzuchten auf der Fensterbank werden in Kisten bzw. Töpfe pikiert. Sie müssen allerdings weiterhin warm stehen.

Über ein oder zwei Rhabarberstauden kann ein Eimer oder eine Tonne gestülpt werden. Dadurch wächst der Rhabarber schneller.

Obstgarten

Die letzten Schnittarbeiten, vor allem die an den Jungbäumen, werden beendet. Mit Preicobact wird entsprechend der Angabe auf der Packung eine Spritzbrühe angerührt und 24 Stunden an einem warmen Ort stehengelassen. Sie entwickelt dann einen frischen Duft. Man gießt sie durch ein grobes Leinentuch (oder einen Seidenstrumpf) in die Spritze, und mit einer Kalkdüse wird sie über alle Bäume und Sträucher gespritzt. Sie ersetzt die im konventionellen Gartenbau übliche Folidolölspritzung.

Ab Mitte März wird mit der Wundbehandlung der Bäume begonnen. Die Wunden oder Krebsstellen werden mit einem scharfen Messer sauber ausgeschnitten, so daß glatte Ränder entstehen. Anschließend werden sie mit einer leicht angedickten Preicobactlösung (1 Eßlöffel auf $\frac{1}{4}$ l Wasser), der etwas Schachtelhalmtee beigegeben ist, bestrichen.

Sofern noch nicht vorhanden, werden jetzt alle Bäume und Sträucher mit einer Baumscheibe versehen. Dazu sticht man den Boden auf einer Kreisfläche mit ca. 1 m Durchmesser flach um. Anschließend wird die Fläche mit einem Krail glattgezogen. Es ist darauf zu achten, daß die flach unter der Erdoberfläche wachsenden Faserwurzeln dabei nicht zerstört werden. Die Baumscheibe wird dünn mit Kompost abgedeckt.

Bereits vorhandene Baumscheiben werden von Unkraut gesäubert, leicht aufgelockert und, sofern im Herbst nicht geschehen, mit einer kleinen Kompostgabe versehen. Baumscheiben können im Laufe des Jahres auch besät werden, z. B. mit Kapuzinerkresse oder Klee.

Sollen Bäume oder Sträucher um- oder neuge-
pflanzt werden und sind die Pflanzlöcher noch
nicht vorbereitet (siehe Oktober), so sollte das
jetzt geschehen.

Ziergarten

Der Rasen wird mit einer Metallharke scharf
durchgeharkt oder einem Vertikutierer behandelt, so daß alles Moos und Unkraut beseitigt
wird und etwas Luft an die Wurzeln kommt.
Setzt man einen elektrischen Vertikutierer ein,
sollte man nach der ersten Behandlung das
herausgeholte Moos abharken und noch einmal behandeln. Wenn sehr viel Moos vorhanden ist, kann es sein, daß man bis zu drei Mal
über die Flächen gehen muß. Vertikutierer
können heutzutage preisgünstig stundenweise
gemietet werden.
Der Rasen ist anschließend nicht sehr ansehn-
lich, bekommt durch diese Behandlung aber
einen guten Start zum Wachsen. Alles Gras,
welches abgestorben oder zu lang ist, wird beseitigt. Es kann als Mulch auf den Baumscheiben dienen, oder als Kompostabdeckung.
Gegen Ende des Monats werden die Rosen geschnitten und abgehäufelt. Bei Kletterrosen
wird nur das alte Holz und dasjenige, was im
Winter erfroren ist, entfernt. Öfterblühende
Sorten sollten möglichst wenig geschnitten
werden. Die Rosen können jetzt um- oder neu-
gepflanzt werden. Dabei sollten die Wurzeln
nicht austrocknen. Vor dem Einpflanzen werden die Wurzeln leicht zurückgeschnitten und
in einen Brei aus Lehm oder Preicobact getaucht. Die Veredlungsstelle sollte in der Erde
sitzen. Rosen werden nie in Torf gesetzt, da sie
dadurch im Anfangswachstum stark behindert
werden können. Bei jeder Neupflanzung, ob
Herbst oder Frühjahr, werden die Pflanzen
stets angehäufelt. Außerdem sollten die Triebe
auf 10–15 cm Länge zurückgeschnitten werden. Wichtig ist, daß sie gründlich angegossen
werden, so daß Boden und Wurzeln sich miteinander verbinden können.
Alle bereits verblühten Frühjahrsblumen wie
Schneeglöckchen und Winterlinge können jetzt
geteilt und verpflanzt werden. Wie bei den Ge-
müseanzuchten können auch Sommerblumen
im Frühbeet angezogen werden.

April

Arbeiten im April:

- Baldrianblütenextraktspritzung auf die
  Beete und bei Frostgefahr in die blühen-
  den Obstbäume
- Schachtelhalmteespritzung alle 14 Tage
- Bäume und Sträucher mit Schachtel-
  halmtee und Wasserglas spritzen
- Unkrautbekämpfung an sonnigen Tagen
- Kompostdüngung
- Fruchtmumien entfernen
- Rasen mähen, Neueinsaat
- Ziersträucher nach der Blüte schneiden
- Frühjahrsblüher nach der Blüte teilen
  und pflanzen
- Gladiolen setzen
- Aussaat im Haus: Gurken, Kürbis, Zuc-
  chini
- Aussaat im Frühbeet: Knollenfenchel,
  Spätkohl, Winterporrée, mehrj. Kräuter,
  Levkoje, Lobularia, Sonnenblume
- Aussaat im Freiland: Grünkohl, Kopf-
  kohl, Kräuter, Lagermöhren, Radies, Ret-
  tich, Rosenkohl, Salate, Spinat, Becher-
  malve, Kapuzinerkresse, Ringelblume,
  Wicken
- Pflanzen, Topfen, Pikieren im Haus: To-
  maten, Sellerie, Lobelien, Lobularia, Lö-
  wenmaul, Sommernelken, Tagetes, Zin-
  nien
- Pflanzen im Freiland: Eissalat, Frühkartoffeln, Frühkohl, Kohlrabi, Kopfsalat,
  Spargeldämme ziehen

Gegen Mitte April setzt meist die Bodenwärme
ein. Jetzt wird das ganze Land mit einer dünnen Kompostdecke versehen. Die Beete für die
Schwachzehrer sowie die Kräuter (Übersicht 5
und 13) und Stauden erhalten feingesiebten
Kompost. Diejenigen für die Starkzehrer erhalten groben Kompost (siehe Abschnitt Fruchtfolge in Kapitel 2). Ist nicht genügend Kompost vorhanden, wird er beim Pflanzen dicht
an die Pflanze oder in das Pflanzloch gegeben.
Ist kein Kompost vorhanden, verwendet man
organische Handelsdünger.
Von dem Schachtelhalmtee wird jetzt eine größere Menge gekocht. Er wird von April bis Ok-

tober regelmäßig alle 14 Tage über das ganze Gartenland gespritzt. Dieses ist besonders in feuchten Jahren wichtig, da der Schachtelhalm die Pflanzen widerstandsfähig gegen Pilzkrankheiten machen soll.

Gemüsegarten

Von Beginn bis Mitte des Monats sollten die vorgekeimten Frühkartoffeln gesetzt werden. Dieses geht am leichtesten, wenn man zu zweit ist. Der erste gräbt ein flaches Loch, der zweite legt die Kartoffel mit den grünen Trieben nach oben hinein. Mit der Erde vom nächsten Loch wird das erste zugedeckt. Der Abstand zwi-

Die Schlehen blühen schon vor dem Laubaustrieb und sind deshalb eine auffallende Erscheinung in Garten und Landschaft. Ihre Früchte sind reich an Vitaminen und lassen sich zu Saft und Marmelade verarbeiten

schen den Reihen beträgt 60 cm, der in der Reihe eine Fußlänge (etwa 40 cm). Will man die Kartoffeln besonders früh ernten, kann man sie mit einer gelochten Folie abdecken. Dann sollte allerdings gleich nach dem Pflanzen gehäufelt werden. Sonst häufelt man die Kartoffeln erst, nachdem die ersten Blätter zu sehen sind, meistens 4 Wochen später. Will man die Kartoffeln in Mischkultur (siehe Kap. 2) anbauen, sollten die Reihen etwa 80–100 cm auseinanderliegen. Dazwischen

können Buschbohnenreihen gelegt oder Frühkohl oder Tagetes gepflanzt werden. Dann sollten die Kartoffeln allerdings vorher gehäufelt sein.

Die Tomaten auf der Fensterbank sollten jetzt in 10er Töpfe umgetopft werden und einen dünnen Stab bekommen.

Die im Frühbeet angezogenen Pflanzen, z. B. Salat und Kohlarten, können ins Freiland gepflanzt werden. Sie sollten dazu vorher abgehärtet worden sein, da sie im Frühbeet ein relativ geschütztes Klima haben. Dadurch sind sie verhältnismäßig weich und starkem Wind und direkter Sonnenbestrahlung nicht unbedingt gewachsen. Zum Abhärten wird das Frühbeet zuerst Tag und Nacht gelüftet, dann nimmt man die Fenster tagsüber ab. Später werden sie dann auch nachts nicht wieder aufgelegt. Das Ganze geschieht im Zeitraum von einer Woche. Hat man das Abhärten versäumt, sollte nur an einem bedeckten, feuchten Tag gepflanzt werden, um Schäden durch Verbrennungen und Vertrocknen zu vermeiden. Die Pflanzen werden mit dem Pflanzspaten gelockert und mit Wurzelballen herausgenommen.

Kohlpflanzen kann man vorbeugend gegen Kohlhernie mit den Wurzeln in einen Brei aus Lehm und Schachtelhalmtee (bzw. Preicobact und Schachtelhalmtee) tauchen. Kohl wird tief gepflanzt, so daß die ersten Laubblätter dicht über der Bodenoberfläche sind. Später wird er angehäufelt, eventuell mit einer Kompostgabe. Er bildet auch am Stengel noch Wurzeln und ist bei dieser Art des Pflanzens vor Kohlfliegen und Kohlgallrüßlern geschützt.

Die Kohlfliege hat in jedem Jahr zwei, meistens drei Flugzeiten. Sie liegen im April/Mai, Ende Juni und Mitte August, und hier meist in Perioden, in denen es trocken und warm ist. Sie legen ihre Eier am Wurzelhals ab. Die aus diesen Eiern schlüpfenden Maden fressen sich in den Stengel ein. Eine größere, ältere Kohlpflanze kann den Schaden überwachsen. Ein junger Setzling geht daran zugrunde.

Salatjungpflanzen werden beim Pflanzen dem Kohl genau entgegengesetzt behandelt. Sie werden sehr hoch gepflanzt. Alte Gärtner sagen: »Salat soll im Wind flattern«. Dieses ist wörtlich zu nehmen. Da der Stengel nur kurz ist und die Laubblätter dicht über dem Boden

So lassen sich Kartoffeln
schnell setzen

beginnen, bekommt der Salat leicht Stengelfäule. Der Stengel und ein Teil der unteren Blätter wird dann braun und weich und stirbt ab. Dieses geschieht um so leichter, je weniger Luft zwischen Boden und Salatblätter kommt. Dann entsteht dort ein feuchtwarmes Klima, in dem die Stengelfäule sich schnell ausbreitet.

Der Dill sowie Rettich, Radies und Spinat sollten in Folgeaussaaten etwa alle 3 Wochen gesät werden. Dann kann man ständig ernten. Es ist dabei wichtig, Sommersorten zu nehmen, da alle anderen sehr früh schossen und blühen.

In das Frühbeet werden zur Jungpflanzenanzucht bis spätestens Mitte des Monats der Winterporrée und mehrjährige Kräuter wie Estragon, Liebstöckel, Thymian und Pimpinelle gesät. Diese ausdauernden Kräuter werden später auf ein Kräuterbeet gepflanzt oder als Randeinfassung für das Gemüsebeet verwendet. Das einjährige Bohnenkraut wird ebenfalls im Frühbeet in dreiwöchigem Abstand immer neu ausgesät.

Auf dem Fensterbrett kann jetzt der Kürbis angezogen werden. Man nimmt dazu 1–2 Kerne je 10er Topf. Er kann nicht im Frühbeet angezogen werden, da es dort noch zu kalt ist.

Sobald die ersten Triebspitzen zu sehen sind, wird der Spargel angehäufelt. Dieses dient dazu, lange, weiße Stangen zu erzeugen. Für die

Ernährung gesünder, da vitaminreicher, ist der Grünspargel. Es gibt spezielle Grünspargelsorten. Aber auch der herkömmliche Spargel kann als Grünspargel genutzt werden. Man unterläßt dann das Anhäufeln und erntet die Stangen, wenn sie etwa 20 cm hoch sind.

Obstgarten

War die Witterung im März für Gartenarbeiten noch nicht günstig, so können Um- und Neupflanzungen sowie das Herrichten der Baumscheiben auch im April erfolgen.

Jetzt wird die erste vorbeugende Spritzung durchgeführt. Dieses geschieht mit Schachtelhalmtee, dem zur besseren Wirkung eine geringe Menge Natriumwasserglas beigegeben wird. Diese Spritzung ist vor allem dann wichtig, wenn im vergangenen Jahr ein starker Moniliabefall vorgelegen hat. Außerdem sollten spätestens jetzt alle Fruchtmumien (befallene, eingetrocknete Früchte) entfernt werden, sofern dieses nicht im Herbst bei der Ernte oder während des Schnitts geschehen ist. Die Fruchtmumien bilden sonst Quellen, von denen eine erneute Ansteckung ausgeht.

Besteht eine starke Nachtfrostgefahr, so daß ein Erfrieren schwellender Blütenknospen oder Blüten befürchtet werden muß, kann man am Abend eine Spritzung mit Baldrianblüten-

Häufelgerät und angehäufelte Kartoffeln   Spargelreihe nicht angehäufelt und angehäufelt

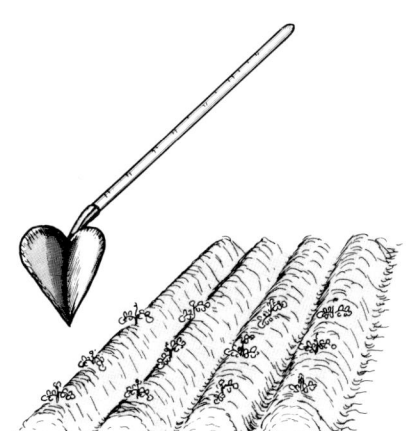
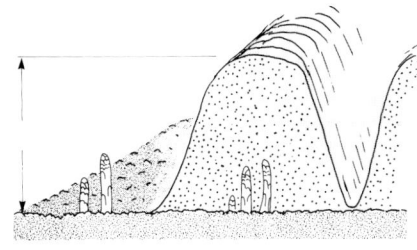

extrakt (siehe Kap. 2) in die Kronen ausbrin-
gen. Hat es dann einen starken Nachtfrost gegeben, sollte die Spritzung am nächsten Mor-
gen noch einmal wiederholt werden. Man
kann diese Spritzbrühe auch auf Boden und
Baumscheiben geben. Sie fördert die Aktivität
des Bodenlebens und damit die Umsetzung
der organischen Substanz. Dadurch werden
den Bäumen und Sträuchern die Nährstoffe
aus Mulch und Kompost frühzeitig zur Verfügung gestellt.

Ziergarten
Der Rasen ist jetzt so gut gewachsen, daß die
kahlen Stellen, die durch das Ausharken entstanden sind, nicht mehr zu sehen sind. Ist
noch viel Moos vorhanden, wird nach dem
Schnitt noch einmal gründlich ausgeharkt. Alles Unkraut wird herausgestochen, und große,
kahle Stellen werden neu eingesät.
Bei der Neuanlage eines Rasens ist zu beden-
ken, daß er mehrere Jahre auf dieser Fläche
möglichst gleichmäßig wachsen soll. Daher ist
die Vorbereitung des Bodens besonders wichtig. Ist das in der im Juli und Oktober angege-
benen Weise geschehen, wird jetzt alles mit
dem Krail durchgezogen und dadurch gelokkert und gekrümelt. Es werden damit auch die
ersten aufgelaufenen Unkräuter beseitigt. Die

Fläche sollte möglichst eben sein, damit das
Mähen später nicht behindert wird. Dann wird
der Rasensamen breitwürfig ausgebracht. Eine
gleichmäßige Verteilung erhält man, wenn man
die Saat mit einer Holzharke in Kreise ver-
harkt. Anschließend wird gewalzt, damit der
Samen Bodenschluß erhält. War der Boden
trocken, sollte er einen Tag vor der Aussaat
gründlich gewässert werden. Einzelheiten über
die Anlage und Pflege des Rasens finden Sie in
dem Buch von Gardiner, »So wird der Rasen
perfekt«, das ebenfalls in der Reihe »Pareys
bunte Gartentips« erschienen ist.
Abblühende oder abgeblühte Ziersträucher wie
Forsythie und Schneeball, die am einjährigen
Holz blühen, sollten direkt nach der Blüte geschnitten werden. Das alte Holz und die abgeblühten Zweige werden bis zum Grund herausgeschnitten. Nur die im vergangenen Jahr
gewachsenen Neutriebe sollten erhalten bleiben, da das die Blütentriebe des nächsten Jahres sind.
Stauden müssen, wenn sie zu groß geworden
sind, geteilt werden. Dazu werden sie mit dem
Spaten ausgegraben und in mehrere Stücke geteilt. Möglichst alle alten und verholzten Teile
werden entfernt und nur die jungen Triebe
wieder eingepflanzt. Auf diese Weise werden
die Pflanzen verjüngt, und man kann sie lange

Der gesäte Rasensamen wird angewalzt Breitwürfige Rasenaussaat

im Garten halten, ohne neue dazukaufen zu müssen. Außerdem wird die Staudenrabatte vor dem Verwildern bewahrt.

Stauden wachsen von der Mitte nach außen, so daß die äußersten Triebe die jüngsten sind. Mit den Jahren verholzt der Kernbereich und stirbt ab. Sticht man die Pflanzen nun immer nur außen ab, um ein Verwildern zu vermeiden, können sie sich nicht verjüngen. Man sollte daher alle 3–4 Jahre sein Staudenbeet erneuern. Bei einer Radikalkur, die allerdings nicht so häufig nötig ist, nimmt man alle Stauden und Zwiebelgewächse heraus. Das Staudenbeet wird gründlich umgegraben, wobei alle Wurzelunkräuter wie Quecke und Giersch sorgfältig entfernt werden müssen. Dabei ist es wichtig, auch das kleinste Würzelchen zu entfernen, da sich das Unkraut hieraus regenerieren kann. Dann wird die Rabatte mit Kompost versehen. Am besten ist Laubkompost geeignet (siehe Kap. 2). Nun legt man die geteilten Stauden an die vorgesehenen Stellen und kann so vor dem Einpflanzen noch korrigieren. Gehen diese Arbeiten über mehrere Tage, kommen die Stauden solange in einen Einschlag. Dazu hebt man eine flache Furche aus, setzt die Pflanzen eng nebeneinander hinein und

bedeckt die Wurzeln mit Erde, so daß sie nicht austrocknen können. Beim Pflanzen ist zu beachten, daß sich die Stauden recht schnell ausbreiten können, daher sollte genügend Platz zwischen ihnen gelassen werden.

Aus Eins mach Zwei: das Teilen einer Staude

Beispiel für richtigen und falschen Rückschnitt eines Blütenstrauches, wie z. B. der Forsythie

Blütenstrauch

richtiger Rückschnitt

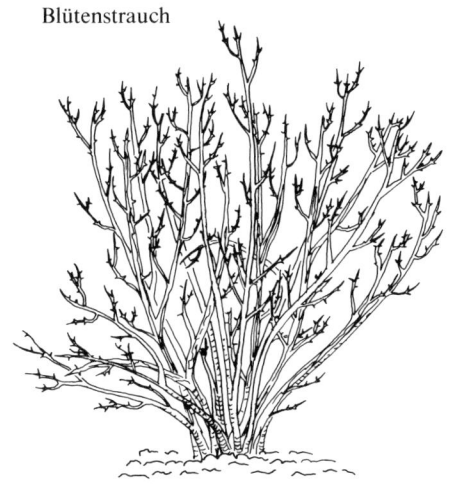

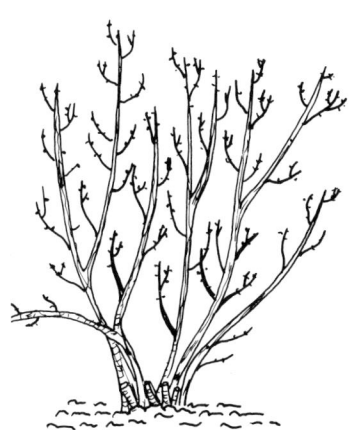

Dieser kann mit den Zwiebelgewächsen und ein- und zweijährigen Sommerblumen ausgefüllt werden.

Durch das Teilen können Stauden, auch wenn sie noch klein sind, vermehrt werden. Jedes Teil muß dazu allerdings einen oder mehrere Triebe mit den entsprechenden Wurzeln besitzen. Der April wie der Oktober sind günstige Monate für diese Arbeiten.

Sollen Zwiebelgewächse (z. B. Schneeglöckchen, Krokusse, Hyazinthen, Narzissen) vermehrt werden, werden sie nach der Blüte mit dem Spaten ausgegraben. Die Zwiebeln sitzen oft tiefer als vermutet, daher ist Vorsicht geboten, damit sie nicht zerstochen werden. Die einzelnen Zwiebeln werden jetzt an den Stellen, an denen man sie haben möchte, eingepflanzt. Als Faustregel dabei gilt, daß die Erdhöhe über der Zwiebel mindestens ihrer eigenen Höhe entsprechen soll (siehe Oktober). Alle verblühten Blütenstände werden abgeschnitten.

Die Gladiolenknollen kommen im Garten an ihren endgültigen Platz. Die Dahlien werden zum Vortreiben ins Frühbeet oder in einem Blumentopf vors Fenster gesetzt.

Von den Außentemperaturen sowie von den

Anzuchtmöglichkeiten ist es abhängig, ob man Sommerblumen direkt sät oder anzieht. Bei der Direktsaat ist die Gefahr größer, daß sie ungenügend auflaufen oder mit dem Unkraut zusammen herausgerissen werden. Einige Arten vermehren sich, sind sie einmal im Garten heimisch, von selber durch Aussaat, z. B. Ringelblume, Kapuzinerkresse oder Vergißmeinnicht. Oft geht es dann nur noch darum, die überzähligen Pflanzen zu entfernen, damit sie sich nicht zum Unkraut entwickeln.

falscher Rückschnitt

57

Mai

Arbeiten im Mai:
- Vogeltränken aufstellen
- Kartoffeln häufeln
- Erdbeeren mit Schachtelhalmtee spritzen, mit Stroh oder Heu mulchen, Ausläufer abschneiden
- Obstbäume mit Rainfarntee spritzen, Baumscheiben bepflanzen
- Pflanzflächen für Bäume und Sträucher vorbereiten
- Rasen düngen, regelmäßig mähen
- Aussaat im Frühbeet: Basilikum, Gurken, Melonen, Zucchini
- Aussaat im Freiland: Blumenkohl, Bohnen, Endivie, Grünkohl, Knollenfenchel, Lagermöhren, Radicchio, Rosenkohl, Rote Bete, Winterwirsing, Zuckermais
- Pflanzung im Freiland: Gurken, Knollenfenchel, Kräuter, Kürbis, Sellerie, Spätkohl, Tomaten, Zucchini; Lobelien, Lobularia, Löwenmaul, Sommernelken, Sonnenblumen, Tagetes, Zinnien

Der Mai ist der Monat, in dem die Blütenpracht nach dem kalten Winter und dem grünenden Frühling besonders ins Auge fällt. Viele Beerensträucher und Obstbäume stehen jetzt in vollem Flor.

Es gibt in diesem Monat auch meist ein bis zwei Wochen ungetrübten Sonnenschein. Dieses fällt vor allem im norddeutschen Raum auf. Trotzdem darf sich der Gärtner dadurch nicht verlocken lassen, denn Mitte bis Ende des Monats kommt noch ein Kälteeinbruch, der z. T. kräftige Nachtfröste mit sich bringen kann. Das sind die sogenannten Eisheiligen: Mamertus, Pankratius, Servatius und die kalte Sophie. Dem Kalender nach liegen sie um die Monatsmitte vom 11. bis 15. Mai. Da sich die tatsächliche Witterung nicht so direkt an den Kalender hält, muß man von der zweiten Monats-Dekade an beobachten, wann dieser Kälteeinbruch eintritt.

◄

Die Obstbaumblüte bildet den ersten Höhepunkt im Garten

Ist er vorbei, können viele Dinge getan werden, bei denen vorher Schaden an den Kulturpflanzen entstanden wäre.

Gemüsegarten
Zu Beginn des Monats wird das erste Kartoffellaub sichtbar. Jetzt werden die Kartoffeln angehäufelt. Gerät dabei etwas von dem Laub unter die Erde, schadet das nichts.

Die letzten Anzuchten werden aus dem Frühbeet ins Freiland gepflanzt. Der freigewordene Platz kann für wärmeliebende Arten, wie z. B. Gurken, verwendet werden. Diese werden Tomaten, Kürbis und Sellerie nach den Eisheiligen ausgepflanzt. Alle vier brauchen eine gute Kompostgabe. Sie kann aus rohem Kompost oder abgelagertem Mist bestehen. Sellerie bevorzugt Schweinemist. Sonst ist Rinder- oder auch Pferdemist besser. Geflügelmist ist zu scharf. Er kann verjaucht in starker Verdünnung als Zusatzdüngung verwendet werden. Knollensellerie muß hoch gepflanzt werden, da er sonst keine ordentlichen Knollen bildet.

Bohnen werden jetzt ins Freiland gelegt. Geschieht dieses vor Mai, ist der Boden noch relativ kalt, so daß die Bohne eine lange Keimphase hat, in der sie für Pilzkrankheiten besonders anfällig ist. Vor allem bei einem nassen und kalten Frühjahr muß dann mit Ausfall gerechnet werden.

Buschbohnen legt man in Horsten je 5 Bohnen pro Horst. Bei den Stangenbohnen werden die Stangen vor der Aussaat in den Boden gerammt. Am besten ist die Verwendung von kunststoffummantelten Stahlstangen. Sie sind sehr dünn, die Anzahl der Stengelwindungen nimmt dadurch zu. Das verstärkt den Wachstumsantrieb der Bohne und erhöht dadurch den Ertrag. An Stahlstangen können sich im Gegensatz zu Holzstangen keine Schädlinge, Insekten oder Pilze, einnisten. Man kann diese Stangen einzeln oder im Verband stecken. Sie müssen tief im Boden stehen, um das spätere Fruchtgewicht tragen zu können. Um jede Stange werden 4–6 Bohnen gelegt.

Bei Gurken und Kürbis kann man nach 4–6 Blättern den Haupttrieb entspitzen. Es werden dann verstärkt Seitentriebe gebildet, die schneller weibliche Blüten bringen, von denen der Ertrag abhängt. Bei Gurken gibt es jetzt auch parthenokarpe Sorten, die ohne Befruchtung Früchte ausbilden. Sie enthalten keine Samen.

Tomaten erhalten beim Auspflanzen einen Stab. Da die Tomate im Gegensatz zur Bohne nicht rankt, wird der Sproß in Abständen mit einem Bastfaden am Stab festgebunden. Es sollte locker gebunden werden, da sich der Tomatenstengel noch verdickt und der Bastfaden dann einwachsen kann. Es besteht die Gefahr, daß die Tomate an dieser Stelle bricht, besonders wenn man zum Anbinden Kunstbast verwendet, der im Gegensatz zum Naturbast nicht nachgibt. Außer dem Anbinden werden die Seitentriebe (Geiztriebe) regelmäßig aus den Blattachseln entfernt. Beläßt man sie, gerät die Pflanze ins Wuchern. Es fehlt ihr die Kraft, viele Früchte früh und gleichmäßig ausreifen zu lassen. Pflanzenkrankheiten können sich schneller ausbreiten, hier vor allem die Kraut- und Knollenfäule. Sie vermehrt sich besonders gut bei feuchtem und warmem Wetter und wenn die Blätter der Pflanzen häufig naß werden. Daher ist es günstig, die Tomaten nur am Stengelgrund zu wässern. Sie will »einen feuchten Fuß und einen trockenen Kopf haben«. Als günstig hat sich ein regelmäßiges Mulchen mit Brennesselkraut erwiesen.

Ist der Befall da, werden kranke Blätter und Früchte entfernt. Sie können auf den Kompost kommen, ohne daß dadurch die Krankheit vermehrt wird, da die Pilzsporen im Kompostierungsprozeß vernichtet werden.

Gurken, Tomaten und Bohnen werden bis zum ersten Blattansatz gehäufelt.

Mitte bis Ende Mai ist der allerletzte Termin für die Aussaat von Lagermöhren. Werden sie später gesät, besteht die Gefahr, daß sie nicht mehr sehr groß werden.

Langandauernde Hitzeperioden, verbunden mit Trockenheit, fördern das Auftreten von Erdflöhen vor allem an Radies und Rettich. Hier kann schon durch regelmäßiges Wässern Abhilfe geschaffen werden. Reicht das nicht aus, oder treten sie auch bei feuchtem Wetter auf, hilft ein kräftiges Bestäuben mit Gesteinsmehl.

Obstgarten

Die Erdbeeren werden an einem sonnigen Vormittag mit Schachtelhalmtee gespritzt, sobald etwa ein Viertel aller Blüten geöffnet sind. Dieses beugt einem Befall mit Grauschimmel *(Botrytis)* vor. Ist die Hauptblüte vorbei, werden die Erdbeerreihen mit Heu oder Stroh ge-

Rainfarn

mulcht, damit die Früchte sauber und trocken reifen können. Alle Ausläufer werden abgeschnitten, bis die ersten Früchte reif sind, da sie der Pflanze einen Teil der Kraft rauben, die sie für die Ausbildung der Früchte braucht.

Ist die Hauptblüte der Obstbäume vorbei, erhalten sie eine Kronenspritzung aus Rainfarntee (siehe Kap. 2). Diese beugt einem Obstmadenbefall vor. Die Apfelwickler fliegen in der Regel in den warmen, sonnigen Wochen Ende Mai oder Anfang Juni. Sie legen ihre Eier, aus denen dann die Raupen schlüpfen, an der Blattunterseite oder den Jungfrüchten ab. Die Raupen fressen sich in die Früchte hinein.

Für den biologischen Gärtner ist es ratsam, auf

Erdbeerpflanze mit Ausläufern

Spaziergängen Schere und Beutel bei sich zu tragen, um die notwendigen Kräuter selber zu sammeln und zu trocknen. Hierbei ist zu beachten, daß nur so viel gesammelt wird, wie auch tatsächlich verbraucht wird. Der biologische Gärtner ist gleichzeitig Naturschützer und sollte darauf achten, daß er die Kräuter schont. Es ist daher das beste, die wenigen für den vorbeugenden Pflanzenschutz notwendigen Pflanzen selber im Garten zu ziehen. Dieses kann in der Kräuterecke geschehen, am Kompostplatz oder in den Staudenrabatten. Hier kann z. B. der Rainfarn sehr gut die große, gelbe Zierschafgarbe, die in vielen Gärten zu finden ist, ersetzen.

Es können jetzt die ersten Läuse an den Bäumen auftreten. Das ist daran zu erkennen, daß die jüngeren Blätter stark nach innen gekräuselt sind. Besieht man ein solches Blatt von un-

ten, finden sich die Lauskolonien in den eingekräuselten Rändern. Sie treten vorwiegend bei starkwachsenden Jungbäumen auf, bei älteren Bäumen nur dann, wenn eine Wachstumsstockung auftritt. Oft kann man sie schon durch ein leichtes Bodenlockern, verbunden mit einer kleinen Kompostgabe oder Brennessel-Jauchegüssen, zum Verschwinden bringen. In trockenen Zeiten sollte auch regelmäßig gewässert werden.

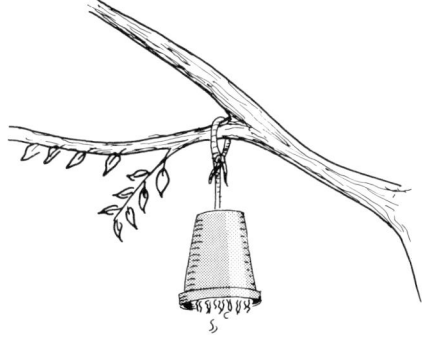

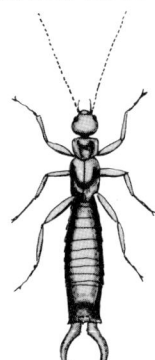

Der Ohrwurm und sein Unterschlupf

61

Weitere Helfer bei der Blattlausbeseitigung sind Marienkäfer und ihre Larven sowie Ohrwürmer. Es ist gerade im biologischen Gartenbau wichtig, diese Helfer zu fördern. So kann man z. B. die Ohrwürmer in den Obstbäumen halten, indem man einen Blumentopf mit Holzwolle oder Moos stopft und umgekehrt in die Krone hängt. Er dient dort den Ohrwürmern als Unterschlupf während des Tages, da sie vorwiegend in der Dämmerung oder nachts auf Jagd gehen.

Die Vögel sind als vielseitige Helfer schon angesprochen worden. Ihnen stellt man jetzt flache Schalen mit Wasser hin, damit sie trinken und baden können. Das Wasser sollte regelmäßig erneuert werden. Versäumt man dieses, gehen die Vögel schnell an Beeren und Früchte, um ihren Durst zu löschen.

Durch Bepflanzung der Baumscheiben mit Kapuzinerkresse, Petersilie und anderen Kräutern fördert man die Gesundheit von Bäumen und Sträuchern und den Wohlgeschmack der Früchte.

Die Gartenflächen, auf denen im Herbst oder im nächsten Jahr Bäume oder Sträucher gepflanzt werden sollen, werden jetzt für die Pflanzung vorbereitet.

Der Boden wird gelockert und Leguminosen als Gründüngung eingesät. Hierfür kommen Lupinen, Sommerwicken oder Persischer Klee in Frage oder ein im Handel fertig angebotenes Leguminosengemisch. Sie lockern den Boden und reichern ihn mit Nährstoffen an. Dieses kommt einer Dauerbepflanzung, wie sie Bäume und Sträucher darstellen, zugute. Werden von vornherein soweit wie möglich optimale Wachstumsbedingungen geschaffen, ist später weniger mit Schädlingen und Krankheiten zu rechnen.

Ziergarten

Der Rasen wird jetzt regelmäßig gemäht. Soll er gleichmäßig kurz bleiben, wird er ein- bis zweimal pro Woche gemäht. Es gibt nur geringe Mengen geschnittenen Grases. Sie können auf dem Rasen liegenbleiben und dort als Dünger wirken. Kann man den Rasen aus zeitlichen Gründen nur alle 14 Tage oder in noch größeren Abständen mähen, muß der Grasschnitt abgehakt bzw. in einem Fangkorb ge-

sammelt werden, da das darunter wachsende Gras sonst leidet.

Das abgeharkte Material kann auf Baum- oder Strauchscheiben als Mulch oder als Abdeckmaterial für den Kompost verwendet werden. Feinen Rasenschnitt kann man nur sehr fein verteilt kompostieren, da er sich sonst dicht zusammensetzt. Er erhält dann keinen Sauerstoff mehr und beginnt zu gären. Beim Umsetzen findet man grüne, stinkende Grasklumpen.

Schön kann es aussehen, wenn man an bestimmten Stellen auf dem Rasen Krokus und Tulpen, Glockenblumen oder Vergißmeinnicht angepflanzt hat. Diese vermehren sich selber

Manche Schwebfliegen haben ein wespenähnliches Aussehen, gehören jedoch zu den Zweiflüglern wie unsere Stubenfliege. Die Larven einiger Arten sind als Blattlausjäger für den Biogärtner von großer Bedeutung

weiter, so daß man im Frühjahr einige bunte Tupfer in seinem Rasen hat. Hier darf allerdings erst dann gemäht werden, wenn die Laubblätter der Pflanzen braun geworden sind.

Hat man viel Moos im Rasen, kann es daran liegen, daß der Boden zu feucht und sauer ist. Das Moos wird gründlich ausgeharkt, und die Stellen bekommen eine Gabe aus Kompost und Kalk oder andere organische Dünger und Bentonit. An schattigen Stellen unter Tannen und Sträuchern muß man immer mit etwas Moos rechnen.

Gegen Hexenringe – runde, dunkelgrüne Ringe auf dem Rasen, aus denen im Sommer hellbraune Pilze wachsen – ist nahezu kein Kraut gewachsen. Da sich das Pilzmycel bis in größere Tiefe stark im Boden verzweigt, ist ein Beseitigen durch Bodenaushub selten erfolgreich. Man kann den Stellen eine intensive Kur mit sehr stark verdünntem Schachtelhalmtee oder mit entsprechenden biologischen Handelspräparaten angedeihen lassen. Hilft alles nichts, sollten Gemüsefläche und Rasenfläche getauscht werden.

Tritt eine längere Trockenperiode auf, sollte der Rasen gewässert werden. Am günstigsten eignen sich dafür die Abendstunden. Es wird in größeren Abständen, dafür aber intensiv gewässert. (Vergleiche Kapitel 2)

Nach den Eisheiligen werden die Dahlien gepflanzt. Jetzt können auch die letzten Anzuchten der Sommerblumen aus dem Frühbeet ins Freie gepflanzt werden. In bezug auf das Abhärten gilt hier das gleiche wie beim Gemüse.

Den Rosen wird besondere Aufmerksamkeit gewidmet, da sie jetzt leicht Mehltau oder Läuse bekommen. Sie werden von Läusen besonders an sonnigen, trockenen Standorten befallen. Hier kann schon regelmäßiges Wässern helfen oder ein Kaltwasserauszug aus Brennesseln.

Gegen Mehltau können sie vorbeugend mit Schachtelhalmjauche oder Eco-Rosenpflegemittel behandelt werden.

Juni

Arbeiten im Juni:

- Spargeldämme einebnen, wässern, düngen
- Beete für Spargelneupflanzung vorbereiten
- Rhabarbererente abschließen, düngen
- Kräuter schneiden und trocknen
- Obstgarten mit Brennesseljauche spritzen
- Bei Äpfeln und Birnen Fruchtausdünnung vornehmen
- Aststummel »auf Astring« zurückschneiden, Wasserschosse entfernen
- Pflaumenausläufer ausgraben
- Fallobst sammeln
- Rhododendren düngen, Blütenstände ausbrechen
- alle verblühten Blütenstände abschneiden
- Heckenschnitt
- Aussaat im Frühbeet: Bartnelken, Fingerhut, Königskerze, Stiefmütterchen, Stockrosen, Tausendschön, Vergißmeinnicht
- Aussaat im Freiland: Buschbohnen, Chinakohl, Knollenfenchel, Rote Bete, Stangenbohnen, Winterendivie
- Pflanzen im Freiland: Grünkohl, Rosenkohl, Winterporrée, Sommerastern

Im Juni nähert sich der Frühling seinem Ende. Johanni kündigt an, daß die Sonne ihren Höhepunkt überschritten hat und damit die Nächte wieder länger und die Tage kürzer werden. Die Frühjahrsblüher sind von den Sommerblumen abgelöst worden und auf den Gemüsebeeten kann schon eine ganze Weile geerntet werden. In einem feuchten Jahr können jetzt Läuse und Schnecken zur Plage werden. Gegen die Läuse hilft oft schon regelmäßiges Hacken oder der Kaltwasserauszug der Brennessel. Im äußersten Notfall kann man auch zu Spruzit greifen.

Gegen die Schnecken haben sich sogenannte Bierfallen bewährt. Man verteilt flache Untersetzer im Garten und füllt sie mit Bier. Schon nach wenigen Tagen wird man sie von Schnecken entleeren und neu mit Bier füllen müssen. Gegen das Verwässern durch Regen kann man sie abdecken, aber so, daß noch Lücken für die

Schnecken erhalten bleiben. Eine relativ teure Methode ist das Aufstellen von Schneckenzäunen um die Beete. Man kann sich zur Bekämpfung aber auch gewisse Eigenschaften der Schnecken zu Nutze machen. Sie werden entsprechend ihrer Rolle in der Natur als Primärabbauer von dem Geruch verrottenden Pflanzenmaterials angezogen. Außerdem sind sie auf eine feuchte Umgebung angewiesen und schützen sich tagsüber vor Sonnenstrahlen. Daher sammeln sie sich unter ausgelegten Holzbrettern, von denen sie regelmäßig abgelesen werden können. Oder man legt als Köder, Teichfutter für Karpfen, unter Holz- oder Pla-

Frühsommer im Biogarten

stikschalen aus. Auch dort müssen sie abgesammelt werden. Dieses geschicht am zweckmäßigsten mit einer hölzernen Gurkenzange.

Gemüsegarten
So wie die Eisheiligen im Mai, bildet im Juni Johanni ein Datum, welches für einige Arbeiten zu beachten ist. So sollten Spargel und Rhabarber nach dem 24. Juni nicht mehr beerntet werden, damit sie während des restlichen Jahres Kraft für den Neuaustrieb im nächsten Jahr im Wurzelstock sammeln können. Beim Spargel werden die Hügel eingeebnet. Es wird gründlich gewässert. Beide Kulturen erhalten eine gute Kompostgabe.

Bei Buschbohnen, Stangenbohnen und Rote Bete sollten die letzten Aussaaten für dieses Jahr erfolgen. Werden sie später gesät, besteht die Gefahr eines Minderertrages.
Bei Knollenfenchel und Chinakohl beginnen die ersten Aussaaten. Winterendivien werden Ende des Monats vorgezogen. Rosenkohl und Grünkohl werden gepflanzt.
Gartenkräuter wie Zitronenmelisse, Estragon, Basilikum, Bohnenkraut und Pfefferminze sollten vor der Blüte kurzgeschnitten werden. Sie verlieren ihr Aroma durch den Blühprozeß oder bekommen einen herben Beigeschmack. Hat man keine sofortige Verwendung für die Kräuter, kann man sie bündeln und an einer schattigen, luftigen Stelle zum Trocknen aufhängen. Zu dicht gesäte Möhren müssen vereinzelt werden. Dazu werden so viele Pflanzen herausgezogen, daß die verbleibenden genug Raum zum Wachsen haben. Die dabei entstehenden Löcher werden sofort geschlossen, um einem Möhrenfliegenbefall vorzubeugen.
Will man im Herbst oder darauffolgenden Frühjahr eine Spargelneupflanzung vornehmen, wird ein geeignetes Gartenstück dafür jetzt vorbereitet. Bei leichtem Boden genügt es, die Fläche zu lockern und mit Leguminosen zu besäen. Außerdem verbessert auch eine Stallmistgabe (abgelagert) die Wachstumsbedingungen. Bei schwerem Boden wird die Erde vorher mit Sand angereichert. Dazu wird sie zwei Spatenstich tief ausgehoben und wenigstens zur Hälfte durch Sand ersetzt. Dann wird der Graben damit angefüllt und es werden Leguminosen eingesät.
Bei der Gemüseernte, die jetzt schon in größerem Maßstab anfallen kann, ist der Zeitpunkt im Tageslauf zu beachten. So werden Blatt- und Fruchtgemüse sowie Kräuter am Vormittag geerntet, da sie dann länger frisch bleiben. Wurzelgemüse werden am Spätnachmittag geerntet, da sie dann durch den absteigenden Säftestrom den größten Gehalt der für die Ernährung wünschenswerten Stoffe enthalten.

Obstgarten
Bis Johanni ist die beste Zeit, die Kräuter für die Pflegemittel zu sammeln und zu trocknen. Brennesseln sollten vor der Blüte geschnitten werden, da sie später ihre Wirksamkeit einbü-

ßen. Kamille wird bis Johanni und am günstigsten vormittags gesammelt. Sie verliert in den Nachmittagsstunden und in dem sich neigenden Jahr an Kraft. Ackerschachtelhalm ebenso wie Farnkraut werden gesammelt. Immer ist, wie bereits erwähnt, daran zu denken, daß durch diese Tätigkeit keine Bestände ausgerottet werden und daß es unsinnig ist, mehr zu sammeln, als man verbraucht.

Obstbäume und -sträucher bekommen jetzt eine Spritzung mit stark verdünnter Brennesseljauche.

Diese dient zur Blattdüngung. Sie kann aber auch an den Stammgrund gegossen werden.

Äpfel und Birnen werden, wo der Fruchtbehang zu stark ist, ausgedünnt. Dazu werden alle überzähligen Früchte abgepflückt. Man nimmt zuerst die Kleinen und Schadhaften. Apfelbäume neigen teilweise zur Alternanz, d. h., daß sie nur jedes zweite Jahr reiche Frucht tragen. Alternanz wird durch folgende Eigenart der Apfelbäume ausgelöst: Sie bilden im Spätsommer schon die Blütenknospen für das nächste Jahr aus. Das kann in ausreichendem Maße aber nur an den Bäumen geschehen, an denen in diesem Jahr keine oder nur wenige Früchte hängen, da diese die Knospen-

Meisen und viele andere gefiederte Freunde sind unentbehrliche Helfer des Biogärtners. Für sie sollten ausreichend Nistgelegenheiten im Garten geschaffen sowie Vogeltränken eingerichtet werden

bildung hemmen. Sitzt ein Baum voller Äpfel, können für das nächste Jahr nur wenige Knospen ausgebildet werden. Für Baum, Frucht und Gärtner ist es deshalb besser, die Alternanz zu »brechen«. Dann trägt der Baum in jedem Jahr. Es entwickeln sich weniger, dafür aber größere und besser ausgereifte sowie besser lagerfähige Früchte. Um die Alternanz zu brechen, wird nach einem fruchtreichen Jahr wenig und spät geschnitten, um den Baum nicht zusätzlich zum Treiben anzuregen. Nach einem furchtarmen Jahr wird stark und früh geschnitten. In einem fruchtreichen Jahr wird, wie bereits oben erwähnt, im Juni kräftig »ausgedünnt«, das heißt, ein Teil der Jungfrüchte wird entfernt. Sorten wie ,Boskoop' und ,Berlepsch' neigen zur Alternanz.

Jetzt werden auch alle »Zapfen« (Aststummel), die beim Winterschnitt stehengelassen wurden, damit der Frost nicht in die Äste geht, »auf Astring« geschnitten. Die Wunden können im Sommer gut verheilen. Die überzähligen Wasserschosse werden herausgerissen. Wurzelschosse, die vor allem bei Pflaumen auftreten, werden beseitigt. Dazu gräbt man die Wurzelschosse bis an den Entstehungsort auf und schneidet sie dort ab.

Von der richtigen Planung der Fruchtfolge und der Kombination geeigneter Gemüsearten für die Mischkultur hängt der Erfolg des Biogärtners ab

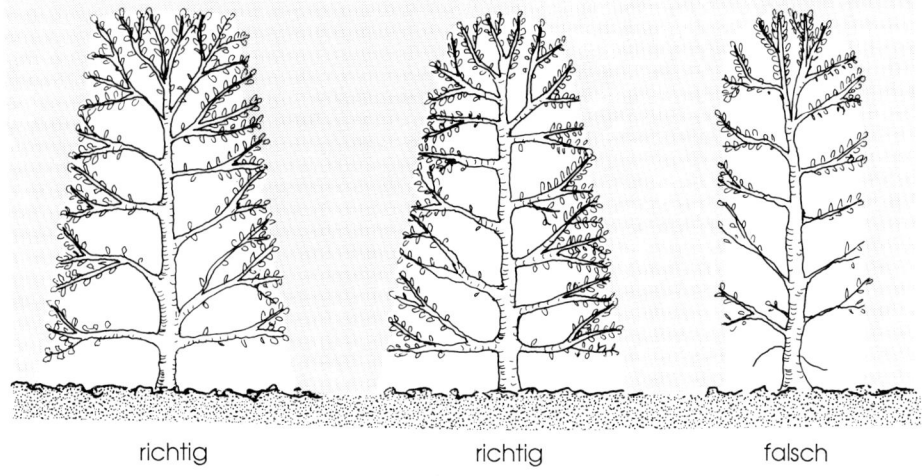

richtig   richtig   falsch

Alles Fallobst von Kern- und Steinobstbäumen wird aufgelesen und kompostiert oder mit Wasser in einer Tonne vergoren. Die fertige Jauche wird auf die Baumscheiben gegossen. Dieses dient der Ernährung der Bäume und der Abwehr von Schädlingen.

Bei neugepflanzten Bäumen wird vorhandener Fruchtansatz ausgebrochen. Sie brauchen ihre Kraft noch zum Wachsen und nicht zur Ausbildung von Früchten. Haben sie keinerlei Neutrieb, sollten sie wieder ausgegraben werden. Die Wurzeln werden beschnitten und gut gewässert, wieder eingegraben und gut eingeschlämmt. Waren die Wurzeln angefault, sollte der Baum an einer anderen Stelle neu gepflanzt werden.

Bei der jetzt beginnenden Erdbeerernte werden alle faulen Früchte regelmäßig ausgepflückt. Ist das Jahr sehr feucht, werden der Grauschimmel und die Weichfäule gefördert. Dazu sind an sonnigen Vormittagen zusätzliche Schachtelhalmteespritzungen, eventuell mit Eichenrinde versetzt, angebracht. Der Strohmulch wird ergänzt, so daß die Früchte wieder trocken liegen.

Ziergarten

Die Rhododendren sind verblüht. Sie bekommen eine Düngergabe aus Laubkompost. Der Dünger darf nicht zu spät gegeben werden, damit die jungen Triebe noch vor dem Winter ausreifen können. Bei jungen Pflanzen werden die verwelkten Blütenstände vorsichtig ausgebrochen. Ein Schnitt ist nicht nötig aber möglich. Sollen sparrig wachsende Sträucher etwas buschiger wachsen, werden die Triebe um ein Viertel gekürzt.

Sind die Pflanzen nicht sehr wuchsfreudig, kann es daran liegen, daß der Boden zu kalkhaltig ist. Hier schafft eine Mulchdecke aus Laubkompost oder Rindensubstraten Abhilfe. Torf sollte im Garten möglichst nicht mehr verwendet werden, da die Vorräte begrenzt sind und durch den weiteren Abbau schützenswerte Hochmoore zerstört werden.

Bei allen blühenden Pflanzen werden die alten Blütenstände regelmäßig herausgeschnitten, damit der Blütenflor erhalten bleibt. Versäumt man das, geht die Kraft der Pflanze in die Samenbildung und nicht in die Neubildung von Knospen. Vollständig verblühte Stauden werden auf 20 cm zurückgeschnitten. Dadurch werden Neuaustrieb und ein zweiter Blütenflor gefördert.

Zweijährige Blütenpflanzen werden jetzt ausgesät. Sie bilden in diesem Jahr das Blattwerk und im nächsten die Blüten. Meistens gehen sie nach der Blüte zugrunde. Zu diesen Pflanzen gehören: Stiefmütterchen, Vergißmeinnicht, Tausendschön und Bartnelken, Fingerhut und Königskerze.
Hat man sie einmal im Garten gepflanzt, samen sie sich auch von selber aus. Man beseitigt dann die abgestorbene Mutterpflanze und verzieht die Sämlinge so, daß sie nicht zu dicht stehen. Hochgezüchtete, großblumige Stiefmütterchen verlieren schnell etwas von ihrer Pracht.
Bei den Rosen werden die Wildschosse weggeschnitten. Das sind Triebe, die aus der Unterlage wachsen, auf die das Edelauge okuliert wurde. Sie entziehen dem Edelreis die Kraft. Man kann sie an den Blättern erkennen, da sie ein Fiederblattpaar mehr besitzen als die Edelsorten.
Hecken, die nur aus einer Strauchart bestehen, z. B. Buche oder Liguster, werden jetzt zum ersten Mal geschnitten. Der Schnitt sollte kegelförmig sein. Wenn die unteren Zweige kürzer als die oberen oder gleich lang sind, überwiegt die Spitzenförderung, und die Hecke verkahlt unten. Besonders bei Buchen muß der starke Haupttrieb zeitig gestutzt werden, da sich sonst lauter Einzelbuchen entwickeln. Dadurch, daß die Triebe immer wieder von außen gestutzt werden, bleibt die Hecke dicht.

Durchwuchs der
Fruchtstände bei Tomaten

Juli

Arbeiten im Juli:
* Kompostarbeiten
* Tomaten bis zur 1. Traube entblatten
* Pflanzen für Samengewinnung markieren
* Sträucher nach der Ernte schneiden
* Obstbäume mit Wermuttee spritzen
* Wellpappenringe entfernen
* Zukünftige Rasenflächen vorbereiten
* Rasen düngen
* Tulpen vermehren
* Aussaat im Freiland: Chinakohl, Feldsalat, Winterendivien, Winterrettich, Wintersalate
* Pflanzen im Freiland: Blumenkohl, Grünkohl, Rosenkohl, Winterporrée, Winterwirsing

Im Juli steht der Garten in voller Pracht. Es gibt auch schon die ersten abgeernteten Beerensträucher und einige Gemüsebeete sind abgeräumt und warten auf die Neubestellung. Die Urlaubszeit steht vor der Tür. Vorher sollte der Garten noch einmal gut durchgeputzt werden, alles hinderliche Unkraut beseitigt, der Rasen kurz geschnitten und alle abgeblühten Pflanzen abgeschnitten werden. Die angefallenen organischen Abfälle können jetzt schon einmal kompostiert werden. Es ist dabei auch zu überlegen, ob der Inhalt des Kompostsilos zu einem Haufen aufgeschichtet werden kann, der dann mit Heu oder Stroh abgedeckt, bis zum Herbst schon Rohkompost liefern kann.

Gemüsegarten
Das Jahr hat jetzt seinen Höhepunkt überschritten. Die Sonnenglut läßt die Früchte reifen. Das Wachstum beginnt nachzulassen. Es heißt, was im Juli an einem Tag wächst, braucht dafür im August eine Woche. Das sollte bei allen Aussaaten beachtet werden.
Bei der Neubestellung von Beeten sollte die Erde mit dem Krail oder Grubber gründlich gelockert werden. Dabei kann man zur Düngung gleichzeitig Kompost oder anderen organischen Dünger einarbeiten.
Es werden Wintersalat und Winterrettich ausgesät, ebenso wie Chinakohl und Herbstspinat.

Die Sortenwahl ist wieder zu beachten. Jetzt können Frühjahrs- oder Herbstsorten mit kurzer Kulturdauer, aber geringer Schoßresistenz, angebaut werden. Werden diese Arten als Nachfrucht auf bereits abgeerntete Beete gesät, ist eine geringe Düngung zu empfehlen (Kompost oder Steinmehl). Nur wenn sie auf Bohnen- oder Erbsenbeete kommen, ist das nicht nötig. Die Chinakohlaussaat vom Vormonat wird auf 40 cm vereinzelt.

Von den Frühkartoffeln wird immer nur soviel geerntet, wie gerade verbraucht wird. Sie sollten Ende Juli abgeerntet sein. Gut gelagert, halten sie sich oft bis Weihnachten.

Bei Gurken, Bohnen und Tomaten werden regelmäßig alle befallenen Früchte und Blätter beseitigt, verkompostiert oder verjaucht. Sind bei den Tomaten die Früchte der ersten Traube erntereif, werden die Pflanzen bis zu diesem Fruchtstand entblättert. Bevor die Pflanzen über den Stab hinauswachsen, wird die Triebspitze gekappt. Durchwuchs bei den Fruchttrauben, der z. T. sortenbedingt ist und überwiegend bei kalter Witterung auftritt, sollte abgeschnitten werden, da er das Ausreifen der Früchte behindert.

Im Juli ist der letzte Termin für Grünkohl- und Rosenkohlpflanzungen. Im Mai gesäter Blumenkohl und Winterporrée werden ebenfalls gepflanzt. Der Porrée wird anschließend angehäufelt. Man kann die Häufel auch zuerst ziehen und dann den Porrée in die Hügel pflanzen. Diese Maßnahmen dienen der Ausbildung langer Schäfte. Beim Porrée bilden die größeren Jungpflanzen die bessere Gewähr für einen guten Ertrag. Bei der Pflanzung werden die Setzlinge gerade bis zum Blattansatz gepflanzt. Vorbeugend gegen die Lauchmotte werden die Blätter kurzgeschnitten. Nach dem Pflanzen wird mit verdünnter Tomatenjauche gegossen oder gespritzt. Bei der beginnenden Möhrenernte werden zuerst die dicksten Möhren gezogen, um den dünneren Platz zu schaffen.

Hat man keine regelmäßigen Schachtelhalmteespritzungen durchgeführt, sollte auf jeden Fall jetzt noch einmal der ganze Garten abgespritzt werden. Der Schachtelhalmtee kann dazu mit Brennessel- und Comfreyjauche versetzt werden.

Bei akuten Pilzerkrankungen im Anfangsstadium wird an drei aufeinanderfolgenden Tagen gezielt mit Schachtelhalmtee gespritzt oder Schachtelhalmjauche gegossen.

Will man von einigen Arten eigene Saat gewinnen, sollte man jetzt die besten Pflanzen markieren. Diese werden nicht geerntet, so daß die Früchte ausreifen können. Bei der Auswahl der Pflanzen achte man auf Frühzeitigkeit, Gesundheit, guten Wuchs und guten Ertrag. Eigene Saat kann man relativ leicht von Erbsen, Bohnen, Tomaten, Gurken und Kräutern gewinnen. F_1-Hybriden eignen sich dagegen nicht zur Samengewinnung, weil aus ihnen das Saatgut nicht sortenecht fällt.

Obstgarten

Die Erdbeerernte neigt sich ihrem Ende zu. Die Ausläufer werden nicht mehr abgeschnitten, da sie uns nun die Pflanzen für das nächste Jahr liefern sollen.

An den Beerensträuchern reifen Himbeeren, Stachel- und Johannisbeeren heran. Die Vogeltränken werden regelmäßig mit frischem Wasser gefüllt, und jedes Hochbinden der Äste an den Sträuchern wird vermieden, da die Vögel dadurch leichter an die Früchte gelangen. Wird man trotzdem um seine Ernte gebracht, muß man sich mit Netzen behelfen. Diese müssen am Boden an den Sträuchern festgebunden werden, da die Vögel sonst von unten hineinschlüpfen.

Bereits abgeerntete Sträucher werden sofort geschnitten. Bei Stachel- und Johannisbeere entfernt man alle Jungtriebe bis auf 2–4. Von den tragenden Zweigen werden nur die ältesten entfernt. Die Triebe werden dicht über dem Boden abgeschnitten. Ein Einkürzen der Triebe ist nicht notwendig. Zu diesem Mittel greift man nur, wenn die Zweige irgendwo im Weg oder nicht anders zu bändigen sind.

Bei den Obstbäumen wird bei beginnendem Pilzbefall wie z. B. Monilia, Mehltau oder Schorf wie beim Gemüse vorgegangen. Mit Mehltau befallene Triebspitzen werden zusätzlich herausgeschnitten. Es empfehlen sich auch Spritzungen mit Wasserglas (1%ig). Schwefelhaltige Mittel sollten jetzt nicht mehr angewendet werden, da sie die Lagerfähigkeit mindern.

Gegen saugende und beißende Insekten wird mit Wermuttee gespritzt.
Die Wellpappenstreifen, die im Frühjahr an den Bäumen angebracht wurden, werden jetzt entfernt und verbrannt. Die Asche wird dem Kompost oder der Baumscheibe beigegeben. Ende des Monats werden neue Streifen angebracht.
Jetzt gehen Wespen gerne an das Obst in den Bäumen. Von den Fraßstellen aus, die sie an den Früchten hinterlassen, kann sich schnell ein Pilzbefall ausbreiten. Um das zu verhindern, hängt man Wespenfallen in die Bäume. Das sind Flaschen, gefüllt mit gegorenem Saft. Die Wespen wollen von dem Saft naschen, können sich dann aber aus der Flasche nicht mehr befreien und ertrinken. Ist die Flüssigkeit voller Wespen, wird sie auf den Kompost gegossen und erneuert.

Himbeeren (unten) und Schwarze Johannisbeeren (oben) müssen regelmäßig nach der Ernte geschnitten werden; dann bleiben sie wüchsig und gesund (Schnitt der Himbeeren siehe September)

Auf leichten Böden nimmt man dazu Bitterlupinen, auf mittleren bis schweren Persischen Klee oder Sommerwicke.
Aus den vorhandenen Rasenflächen wird das Unkraut entfernt. Wuchert der Rasen leicht in angrenzende Beete, werden die Kanten jetzt noch einmal abgestochen.

Tulpenzwiebel mit Brutzwiebeln
▶

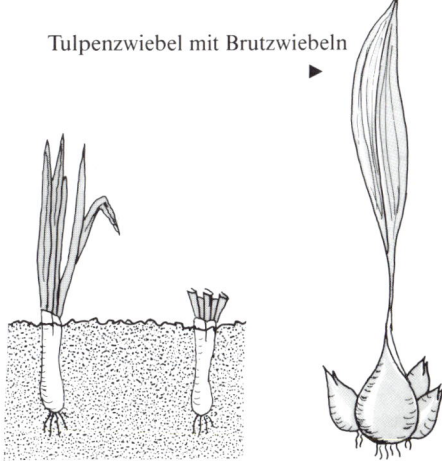

Ziergarten
Soll an einer bestimmten Stelle Rasen gesät werden, wird das Stück jetzt dafür vorbereitet. Es wird mit der Grabegabel tief gelockert und bekommt eine Leguminoseneinsaat.

▶

So wird der Porrée zum vorbeugenden Schutz gegen die Lauchmotte vor der Pflanzung geschnitten

69

Um das Hineinwuchern gründlich zu unterbinden, kann ein Plattenweg zwischen Rasen und Beete gelegt werden oder die Beete können auch mit senkrecht eingelassenen, schmalen Platten eingesäumt werden. Die Platten sollten in der gleichen Ebene wie der Rasen liegen. Dadurch erhält man eine gute Mähkante.

Ist der Mooswuchs nicht zurückgegangen, wird der Rasen mit einer Mischung aus Bentonit und Kalk gedüngt. Jeder Rasen erhält jetzt eine Düngung aus gesiebtem Kompost oder Comfrey-Brennesseljauche oder Horn- und Knochenmehl. Bei großer Trockenheit werden die Stauden abends gründlich gewässert.

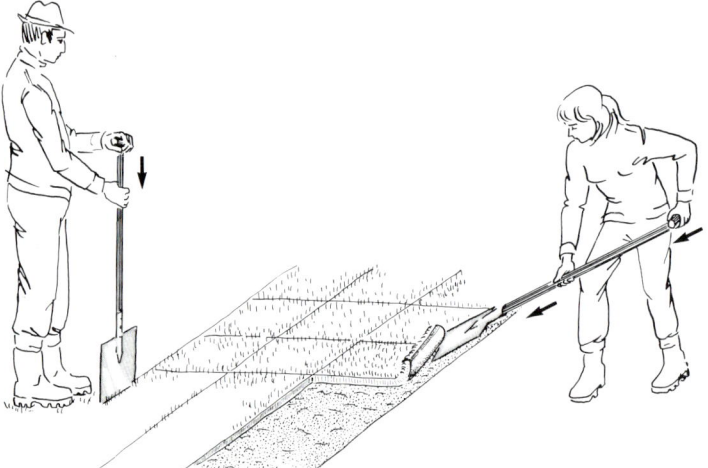

Das Ausstechen von Rasensoden kommt z. B. dann in Betracht, wenn an einer anderen Stelle schadhafte Rasenflächen schnell ausgebessert werden sollen

Wer Tulpen vermehren will, gräbt jetzt die Pflanzen aus und trennt die Brutzwiebeln ab. Die Zwiebeln werden dann getrocknet und anschließend von der lose anhängenden Schale durch Abreiben befreit. Dann werden sie kühl gelagert und können zwei Monate später an den gewünschten Stellen im Garten wieder eingesetzt werden.

Hummeln (oben) und Bienen (unten) sind gern gesehene Gäste in unserem Garten und unentbehrlich für die Bestäubung vieler Blütenpflanzen

August

Arbeiten im August:
- Zwiebelernte
- Kohlgewächse mit Tomatenblattjauche spritzen
- Beginn der Apfelernte
- Auslichtungsschnitt der Kirschen
- Erdbeerenneupflanzung
- Aussaat im Freiland: Feldsalat, Herbstrüben, Radies, Winter-Spinat, Winter-Zwiebel
- Pflanzen im Freiland: Winterporrée, Wintersalat Bartnelken, Christrosen, Fingerhut, Goldlack, Hyazinthen, Kaiserkronen, Königskerze, Krokus, Stiefmütterchen, Stockrosen, Vergißmeinnicht.

Um diese Jahreszeit gibt es im Garten schon das eine oder andere abgeerntete Beet. Arbeitet man die Ernterückstände ein, anstatt sie zu kompostieren, zersetzen sie sich schnell. So wird Stickstoff als Nitrat frei, der bei Regengüssen oder durch Wässern in tiefere Bodenschichten eingewaschen wird und so am Ende ins Grund- und damit Trinkwasser gelangt. Am besten läßt sich das dadurch verhindern, daß alle freien Beete mit Gründüngung bestellt werden, da die Pflanzen den Stickstoff für das eigene Wachstum verwenden.

Neben der Nitratauswaschung aus dem Boden ist auch der Nitratgehalt in den Nahrungsmitteln interessant. Das Nitrat wandelt sich im menschlichen Körper teilweise zu Nitrit um. Dieses kann durch seine Reaktion mit dem roten Blutfarbstoff im Körper bei Säuglingen zur Blausucht führen. Beim Erwachsenen verbindet es sich im Magensaft mit Aminen zu Nitrosaminen. Diese sollen krebserzeugend sein.

Das Nitrat im Gemüse spielt nur dann eine Rolle, wenn den Pflanzen viel Stickstoff angeboten wird, die Wachstumsbedingungen aber nicht optimal sind, so daß das Nitrat nicht gleich in Eiweiße umgewandelt werden kann, sondern in der Pflanze angehäuft wird. Dieses ist vor allem im Frühjahr und Herbst und natürlich über Winter der Fall (vergleiche Kapitel 1). Von den Gemüsearten können vor allem die Blattgemüse hohe Nitratgehalte aufweisen. Hier stehen Spinat und Kopfsalat an der Spitze, allerdings auch nur bei Früh- und Spätanbau. Die Hauptgefahr besteht bei der Düngung mit leichtlöslichem Stickstoff. Bei organischer Düngung gehen Stickstofffreisetzung im Boden und Stickstoffbedarf der Pflanzen weitgehend parallel, so daß es kaum zu Luxuskonsum kommt. Aber auch hier sollte man sich vor einer Überdüngung in acht nehmen.

Gemüsegarten

In diesem Monat werden die Zwiebeln reif. Will man sie über Winter lagern, erntet man sie erst, wenn das Laub weitgehend abgestorben ist. Bei trockenem Wetter bleiben sie dann 1-2 Wochen auf dem Beet liegen und anschließend in flachen Kisten in einfachen Lagen an einem trockenen, schattigen Ort aufgestellt. Bei feuchtem Wetter werden sie gebündelt und zum Trocknen aufgehängt, ähnlich wie beim Kräutertrocknen.

Spätestens jetzt sollten die Frühkartoffeln abgeerntet sein. Als Nachfrucht kann man noch Winterporrée anbauen oder eine Gründüngung einsäen. Man kann die Fläche auch gründlich von Unkraut befreien, lockern und dort den ersten Feldsalat säen.

Ist bei den Lagerkartoffeln das Laub trotz vorbeugender Maßnahmen stark mit Kraut- und Knollenfäule befallen, wird es abgemäht und verbrannt oder kompostiert. Es besteht sonst die Gefahr, daß auch die Knollen angesteckt und dadurch ungenießbar werden.

Die Wintersalate werden gepflanzt. Letzte Aussaaten von Radies, Spinat und Herbstrüben sind möglich. In milderem Klima können Winterzwiebel gesät und Knoblauch gesteckt werden, die dann im Mai des folgenden Jahres geerntet werden können.

Bereits abgeerntete Beete können mit diesen Kulturen bestellt werden. Ist eine Ecke besonders verunkrautet, sollte sie 14 Tage brachliegen und alle 3-4 Tage bearbeitet werden, um des Unkrautes Herr zu werden. Mitte August ist bei trockener Witterung der letzte Flug der Kohlfliege. Es sollte also noch einmal vorbeugend mit Tomatenblattjauche gespritzt oder gegossen werden.

Ist ein Kohlstück stark von Kohlraupen befallen, lohnt es oft, diese abzusammeln. Sie werden mit heißem Wasser verbrüht, dann verjaucht und wieder auf den Kohl gegossen. In einer Feuertonne lassen sie sich auch mit Holz verbrennen. Die Asche wird wieder auf das Kohlbeet gestreut.

Soll auf stark verunkrauteten Stücken gesät oder gepflanzt werden, besteht die Gefahr des Erdraupenbefalls. Erdraupen fressen nur nachts und in den frühen Morgenstunden. Der Schaden ist an älteren Pflanzen nicht sehr groß. Jüngere Pflanzen verschwinden z. T. ganz. Oft findet man in der Nähe angefressener Pflanzen ein Loch, in das einige Pflanzenreste hineingezogen worden sind. Gräbt man dort nach, findet man die Raupen. Sie sind graubraun, je nach Alter unterschiedlich dick und rollen sich bei Berührung zusammen. Die wirksamste Bekämpfungsmethode ist, sie auszugraben. Noch besser ist es, die Beete nicht erst verunkrauten zu lassen.

Die Mühe hat sich gelohnt: Es steht eine reiche Ernte im Gemüsegarten bevor

Obstgarten

Von dem Kernobst werden jetzt als erstes die Klar- oder Augustäpfel reif. Man merkt dies spätestens daran, daß immer mehr Äpfel unter dem Baum liegen. Ehe man es soweit kommen läßt, ist es allerdings besser, eine Reifeprobe zu machen. Lassen sich die Äpfel leicht pflücken

und sind die Kerne im Gehäuse annähernd braun, sind die Äpfel reif. Will man pflücken, ohne großen Schaden anzurichten, biegt man den Apfel nach oben; ist er reif, bricht er dann leicht am Fruchtkuchen ab.

Der Klarapfel ist sehr empfindlich. Jede Druckstelle zeigt sich nach einem Tag als bräunlicher Fleck. Selbst die beim Pflücken entstehenden Fingerabdrücke lassen den Apfel braun werden. Er ist ein Apfel für den Frischverzehr oder zur Herstellung von Apfelmus und läßt sich nicht lange lagern.

Wenn die Kirschen abgeerntet sind, werden die Bäume am besten gleich geschnitten. Da das Holz empfindlich ist, können bei einem Winterschnitt leicht Frostschäden entstehen. Die Sauerkirschen, die in Hobbygärten stehen, sind in der Regel Schattenmorellen. Sie bilden, wenn sie nicht geschnitten werden, sogenannte Peitschentriebe aus. Das sind lange, dünne, kahle Zweige, an denen weder Blatt noch Frucht sitzen. Sie werden auf einen jungen Seitentrieb zurückgeschnitten. Alte Bäume mit geringem Neutrieb werden sehr stark zurückgeschnitten, um sie erneut zum Austreiben zu bringen. Eventuell muß man dabei in Kauf nehmen, daß sie im folgenden Jahr einen Großteil ihrer Früchte abwerfen.

Da bei Süßkirschen wegen Gummiflußgefahr oft vom Schneiden abgeraten wird, sind die Bäume bald so groß, daß Stare und Amseln mehr ernten als die Besitzer. Wenn gleich nach der Ernte und mäßig geschnitten wird, ist starker Gummifluß nicht zu befürchten, da die sommerliche Witterung die Wunden schnell schließen läßt.

Spitzendürre bei Steinobst ist daran zu erkennen, daß junge Triebe sich braun verfärben und absterben. Sie ist bedingt durch einen Befall mit Monilia. Hier hilft nur ein Ausschneiden der Zweige bis ca. eine Handspanne in das gesunde Holz hinein.

Das für die Neupflanzung von Erdbeeren vorbereitete Beet wird jetzt pflanzfertig gemacht. Die Gründüngung wird abgemäht. Sie kann als Mulch liegenbleiben und wird dazu mit Baldrianblütenextrakt gespritzt. Sie kann auch flach eingegraben werden. Dazu sollte sie etwas angewelkt sein. Bis zur Pflanzung kann sie dann noch etwas rotten. Ein schwerer Boden sollte vor der Pflanzung in jedem Fall gelokkert werden. Fährt man die Gründüngung auf den Kompost, muß man dem ganzen Beet als Düngung eine Kompostgabe zuführen. Die Neupflanzung von Erdbeeren geschieht am besten Mitte August. Die Erdbeeren danken einen gutgepflegten, humosen Kulturboden. Hat man kein Beet speziell vorbereitet, sind Frühkartoffeln eine ideale Vorfrucht. Die Erdbeerpflanzen werden in einem Reihenabstand von 60 cm gesetzt und in der Reihe können 4–6 Pflanzen auf dem laufenden Meter stehen. Man kann auch je zwei Reihen auf 30–40 cm pflanzen und bis zur nächsten Reihe 70 cm Abstand lassen. Dann betritt man zur Pflege und zum Ernten nur die breiten Gänge. Vor der Pflanzung können die Wurzeln 20 Minuten in eine 1%ige SPS-Lösung getaucht werden. Das fördert das Anwachsen und die Widerstandsfähigkeit der Pflanzen. Eine weitere Möglichkeit ist, die Erdbeeren auf leicht angehäufelte Reihen zu pflanzen. Bei trockener Witterung ist auf regelmäßiges Wässern zu achten, da jetzt die kleinen Pflanzen sehr schnell vertrocknen können. Dies geschieht vor allem, wenn man die Setzlinge direkt vor der Pflanzung durch Abranken von den Mutterpflanzen gewonnen hat und die Wurzeln noch sehr schwach ausgebildet sind. Um zu kräftigen Jungpflanzen zu kommen, kann man die Ausläufer schon Mitte Juli abranken und die Pflanzen eintopfen oder ins Frühbeet setzen. Dann bilden sie kräftige Wurzelballen. Als Mutterpflanzen nimmt man einjährige Erdbeerstauden, da sie die besten Jungpflanzen liefern. Auf diese Weise kann man einen Teil seines Erdbeerbestandes jedes Jahr mit eigenem Pflanzenmaterial erneuern. Von den einjährigen Pflanzen erntet man wenige, aber große, von den zweijährigen viele, aber etwas kleinere Früchte. Erdbeeren können vor allem im biologischen Anbau auch bis zu 5 Jahren stehenbleiben. Die Früchte werden dann allerdings kleiner, und der Ertrag läßt nach. Läßt man eine Anlage mehrere Jahre stehen, ohne einen Teil zu erneuern, wird es schwierig, Ausläuferpflanzen zu bekommen. Man ist dann auf den Nachbarn oder zugekauftes Material angewiesen.

Ist der eigene Bestand gesund und der Gärtner mit der Sorte zufrieden, sollte man gerade im biologischen Anbau danach streben, nur eigenes Pflanzenmaterial zu verwenden.

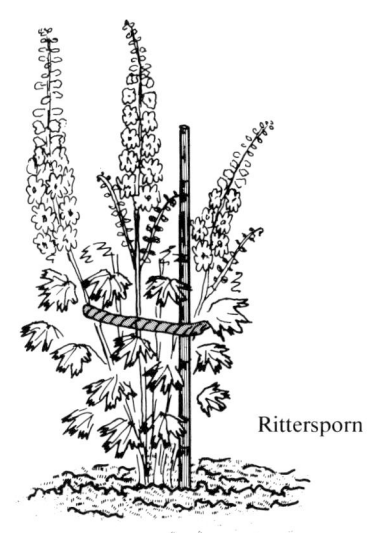

Rittersporn

Ziergarten
Die vorgezogenen zweijährigen Sommerblumen werden jetzt an den Platz im Garten gepflanzt, der für sie vorgesehen war. So kann man z. B. bei Stiefmütterchen noch eine Herbstblüte erhalten. Außerdem werden Christrosen und Kaiserkronen gepflanzt, Kaiserkronen sollen abschreckend auf Wühlmäuse wirken. Dazu muß allerdings die ganze gefährdete Fläche umpflanzt werden. Das kann zu einer kostspieligen Angelegenheit werden. Soll eine Neupflanzung mit Frühlingszwiebelgewächsen wie Schneeglöckchen, Krokussen, Narzissen und Hyazinthen erfolgen, besorgt man sich jetzt die Zwiebeln und steckt sie in der bereits beschriebenen Art (siehe April). Die Blütentriebe der Sommer- und Herbststauden werden zusammen- oder hochgebunden, damit sie durch starken Wind oder Regenfälle nicht umknicken. Sonnenblumen können bei starker Blütenpracht einen Stab als Stütze bekommen. Eine der besten und angenehmsten Pflegearbeiten im Ziergarten ist das regelmäßige

Schneiden von Sträußen. Sie verblühen in der Vase und nicht an der Staude, an welcher sich nun immer neue Knospen bilden können. Wer im Winter Gestecke anfertigen oder Trockensträuße binden will, sammelt aus seinem Garten jetzt das Material dafür. Dazu werden die Strohblumen geschnitten, ehe sie aufblühen, da dieses noch während des Trocknungsvorganges geschieht. Die gelbe Schafgarbe schneidet man in voller Blüte, ebenso das Schleierkraut. Bei einigen Arten, wie z. B. dem Silberling oder Judas-Silberling und der Lampionblume sind die Fruchtstände für winterliche Bindearbeiten gut geeignet. Beim Trocknen wird verfahren, wie es für die Kräuter beschrieben wurde.

Sommerliche Blütenpracht

September

Arbeiten im September:
- Lagermöglichkeiten vorbereiten
- Kartoffeln roden
- Rhabarber vermehren
- Kräuter schneiden
- Erdbeerpflanzen abranken und säubern
- Himbeeren schneiden
- Leimringe anbringen
- Stauden vermehren
- letzter Rasenschnitt
- Aussaat im Freiland: Gründüngungspflanzen: (Senf, Roggen, Winterwicken, Ölrettich)
- Pflanzen im Freiland: Knoblauch, Wintersteckzwiebeln

Mitte September beginnt der Herbst mit der Tag- und Nachtgleiche. Das Gartenjahr neigt sich seinem Ende zu. So ist dieser Monat auch der Haupterntemonat. Alles in der Natur richtet sich darauf ein, zu reifen und zu einem Vegetationsabschluß zu gelangen. Dieses wird begünstigt durch das häufig auftretende Sonnenwetter selbst nach einem verregneten Sommer. Die Nächte werden kühl, so daß sich morgens viel Tau und häufig Nebel bildet, der sich über Mittag in warmen Sonnenschein auflösen kann. Gegen Ende des Monats wird auch heute noch in vielen Gegenden das Erntedankfest gefeiert. Auch wenn ein Bewußtsein davon, daß das tägliche Brot keine Selbstverständlichkeit ist, in Zeiten der Überflußproduktion in unseren Breitengraden abhanden zu kommen droht.

Gemüsegarten

Es werden jetzt die Gemüsearten geerntet, die über Winter gelagert werden sollen. Daher beginnt man eine Inspektion der Lagerräume und -möglichkeiten und schafft das notwendige Material heran.
Besitzt man einen Raum, der kühl, aber frostfrei ist, in dem man das Gemüse lagern kann,

▶

Von August bis in den Oktober hinein werden Birnen und Äpfel geerntet

so wird er gesäubert und bekommt einen frischen Kalkanstrich. Ist kein solcher Raum vorhanden, schafft man sich jetzt den Platz für die Wintermieten. Er sollte eben sein und sauber. Es werden Stroh oder Sand und Plastikfolie für die Herstellung der Mieten besorgt. Wenn alle Stricke reißen, kann man sein Gemüse auch in größeren Kisten, die mit Sand gefüllt werden, im Keller lagern. Auch für die Obsternte werden jetzt Kisten herangeschafft und gesäubert und alte Zeitungen aufbewahrt.

Gegen Monatsende werden die Kartoffeln bei trockenem Wetter gerodet. Alle schlechten und befallenen Kartoffeln werden aussortiert, um eine Ansteckung der gesunden zu vermeiden. Für die Winterlagerung werden sie eingemietet. Dazu werden die Kartoffeln in einer flachen Mulde oder auf dem ebenen Boden aufgeschüttet und mit Sand oder Stroh abgedeckt. Die Sandabdeckung sollte eine Handspanne dick sein. Man kann zwischen Kartoffeln und Sand auch eine alte Decke legen, um sie später

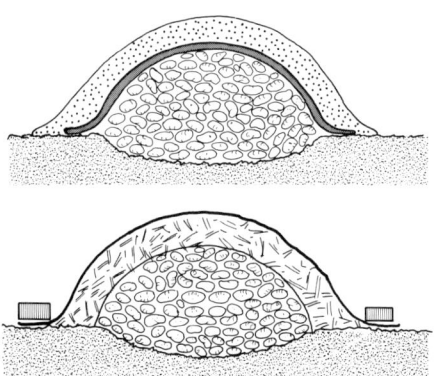

Anlage einer Miete:
1. Sandabdeckung mit einer Decke als Zwischenschicht
2. Strohabdeckung mit einer Folie überspannt

leicht erreichen zu können. Die Strohabdeckung sollte wenigstens 50 cm stark sein. Über das Stroh kommt eine Plastikfolie, die auf dem Boden mit Steinen befestigt wird.

Die letzten Bohnen, Gurken und Tomaten werden abgeerntet, die Beete bearbeitet und mit Gründüngung oder Feldsalat bestellt. Grüne

Tomaten werden an einem warmen Ort zum Nachreifen aufgestellt.

Alle Rhabarberanlagen werden durchgesehen. Man kann jetzt die alten Stauden herausnehmen, teilen und an anderer Stelle neu aufpflanzen, um so seinen Rhabarberbestand zu vermehren und zu verjüngen. Die Fläche dazu wird vorbereitet wie bei allen Dauerkulturen. Es ist wichtig, den Rhabarber tief genug auszugraben. Jedes Pflanzenteil, welches neu gesetzt werden soll, muß mindestens eine Knospe haben. Bei trockenem Boden wird die Staude so eingesetzt, daß die Knospe oder das Auge etwas unter der Bodenfläche sitzt. Bei feuchtem Boden schließt es mit der Bodenoberfläche ab.

In jedes Pflanzloch kommt ausreichend Kompost. Fehlt er, kann man sich mit einer Mischung aus Erde, Horn- und Knochenmehl und Steinmehl behelfen, die man wenigstens eine Woche vorher gemischt und in einem Haufen aufgesetzt hat.

Die Pflanzung wird gründlich gewässert und Ende des Monats mit grobem Kompost oder strohigem Mist leicht abgedeckt. Die Neupflanzung darf erst im zweiten Jahr beerntet werden, da man sonst dem Wurzelstock die Kraft nimmt. Es kann dann geschehen, daß der Rhabarber eingeht.

Alle mehrjährigen Kräuter werden jetzt noch einmal kurzgeschnitten. Das Schnittgut wird getrocknet für den Gebrauch im Winter. Das Kräuterbeet wird vom Unkraut gesäubert, zu groß gewordene Stauden geteilt und vermehrt und alles mit feingesiebtem Kompost abgedeckt. Am besten geeignet ist Laubkompost. Zur Not kann man auch Stroh und Laub oder Grasschnitt verwenden. Damit ist die Kräuterecke winterfertig.

Obstgarten

Die Erdbeeranlage wird gesäubert. Alle Pflanzen werden abgerankt. Dazu schneidet man die Ranke dicht an der Pflanze mit Messer oder Schere ab. Alles Unkraut wird entfernt, ebenso eventuell verbliebene angefaulte Früchte und Fruchtstände. Der Boden wird flach gelockert und gedüngt. Zwischen die Reihen können Wintersteckzwiebeln oder Knoblauch gesetzt werden.

An den Rand eines Erdbeerbeetes können Schnittlauchstauden gesetzt werden. Himbeeren können jetzt ausgeschnitten werden. Dazu werden die Triebe, die getragen haben, am Grunde abgeschnitten, ebenso alle jungen Triebe bis auf 2–3 die die Ernte des nächsten Jahres tragen. Triebe mit dunkelbraunen Flecken,

Spinnengewebe verschiedener Art überspannen im »Altweibersommer« Hecken, Büsche und Bäume. Tau oder Rauhreif machen sie im Sonnenlicht auf bezaubernde Weise sichtbar

die den Beginn des Rutensterbens anzeigen, sollten das ganze Jahr über regelmäßig entfernt werden. Der Boden wird dann häufig gelockert und mit Mulch versehen. Gefährdete Himbeerpflanzen erhalten zusätzlich Schachtelhalmteespritzungen, eventuell mit getrockneter Eichenrinde versetzt, vor allem nach dem Schnitt.

Ist die Krankheit nicht loszuwerden, muß man die alten Bestände herausnehmen und an einem neuen Standort mit gesundem Material eine Neupflanzung vornehmen. Hat der Gärtner

kein Rutensterben in seiner Anlage, kann sie einige Jahre an derselben Stelle stehen. Sie wird unkrautfrei gehalten und der Boden regelmäßig mit Stroh, Heu, Comfrey, Laub oder ähnlichem abgedeckt. Sie bekommt genauso wie die anderen Beerensträucher im Herbst keine Düngung mehr, um den Triebabschluß nicht zu verzögern.

Allen Baumscheiben wird jetzt etwas Holzasche zugefügt. Sie ist sehr kalireich und fällt beim Verbrennen des Schnittgutes fast das ganze Jahr über an.

Es ist unklug, dieses Schnittgut in die städtische Müllabfuhr zu geben, da man dadurch seinen Garten der besten Stoffe beraubt. Ist das Verbrennen von Abfällen in Hobbygärten nicht gestattet, beschafft man sich einen kleinen Ofen und verheizt das Holz darin. Das kann auch die Laube erwärmen. Asche aus Kohle und Briketts o. ä. darf wegen der darin enthaltenen schädlichen Stoffe nicht verwendet werden.

Nur wenn man im Sommer einen Befall mit Frostspanner festgestellt hat, werden jetzt Leimringe um die Obstbaumstämme gelegt. Den Befall erkennt man an lochartig ausgefressenen jungen Blättern und angefressenen Jungfrüchten. Auf den Leimringen bleiben die Frostspannerweibchen, die jetzt die Bäume hochkriechen, kleben. Die Ringe müssen daher fest am Stamm anliegen, so daß die Weibchen nicht darunterschlüpfen können. Durch diese Methode werden allerdings auch Nützlinge gefangen, daher ist sie nur bei starkem Befallsdruck anzuwenden.

Ziergarten
Ebenso wie der April ist auch der September günstig für die Anlage eines Steingartens oder das Um- oder Neupflanzen einer Staudenrabatte. Im September gepflanzt, können die Stauden in der neuen Umgebung noch Fuß fassen, was bei späterer Pflanzung sehr witterungsabhängig ist. Im Oktober wird das Arbeiten im Garten oftmals schon ungemütlich. Man ist dann meist froh, wenn alles bereits getan ist. Nur in den seltenen Fällen milder Winter hat man für alle Herbstarbeiten noch Zeit bis Weihnachten.

Will man eine Staudenrabatte auflösen, sollte

die Fläche anschließend anders genutzt werden, damit der Boden einen Ausgleich erfährt. So kann über die Jahre hinweg ein Garten ständig umgestaltet werden. Die Neuanlage der Staudenrabatte erfolgt wie im April beschrieben.

Einen Steingarten wird sich meist nur ein Liebhaber der Alpenflora anlegen. In ihm finden überwiegend Pflanzen Verwendung, die den Wildpflanzen der Alpen ähnlich sind. Sie haben unterschiedliche Standortansprüche. Dementsprechend muß der Standort gewählt und vorbereitet sein. Am besten ist eine Südseite mit vollem Sonnengenuß. Als Untergrund wird grober, kalkiger Schotter aufgefahren, damit das Wasser abziehen kann und sich keine Staunässe bildet. Der Schotter wird mit kalkhaltiger, armer Erde angefüllt. Diese bekommt als Deckschicht einen Laubkompost, der schon beim Ansetzen mit Kalk versetzt wurde. Dann werden die Steine eingefügt. Am beliebtesten dafür sind Findlinge, die von Gletschern der Eiszeit rund abgeschliffenen Steine der Endmoränen. Man sollte sich aber auch nicht scheuen, andere Steine von interessanter Form zu wählen.

Eine ausführliche Beschreibung der Anlage und Pflege des Steingartens gibt Schmick in seinem Buch »Der Steingarten«, das ebenfalls in der Reihe »Pareys bunte Gartentips« erschienen ist.

Oktober

Arbeiten im Oktober:
- Alles mit Schachtelhalmtee und Baldrianblütenextrakt spritzen
- Kompostarbeiten
- Wurzelfrüchte und Kohl ernten
- Schnittlauch und Petersilie zum Treiben vorbereiten
- Anzuchterde vorbereiten
- letzte Apfelernte
- Fruchtmumien entfernen
- Obst und Sträucher mit Preicobakt spritzen
- Baumpflanzlöcher vorbereiten
- Brombeeren schneiden
- Dahlien und Gladiolen einwintern
- Geranien und Fuchsien zurückschneiden und einwintern
- Tulpen, Lilien und andere Zwiebeln setzen
- letzter Rasenschnitt

Die Kompostecke wird vor dem Winter in Ordnung gebracht. Gut durchgerotteter Kompost wird überall auf das Gartenland verteilt. Halbfertiger Kompost wird, auch wenn er in einem Kompostsilo ist, umgesetzt. Dann ist er im Frühjahr gebrauchsfertig. Alles angefallene Material wird zu einem neuen Kompost aufgesetzt. Dazu werden die jetzt in starkem Maße anfallenden groben Teile wie Kohlstrünke und Staudenreste zerkleinert. Ob für diese Arbeit die Anschaffung eines Komposthäckslers lohnt, soll jeder selbst entscheiden. Oft tut es auch ein Hauklotz mit entsprechendem Hackmesser.

Wer Gelegenheit hat, Mist zu bekommen, setzt einen Mistkompost auf. Rindermist ist am wertvollsten. Pferdemist ist akzeptabel. Bei Schweine- und Geflügelmist ist Vorsicht geboten, da der erstere zu kalt und letzterer zu scharf ist. Für den Mistkompost wird der Mist abwechselnd mit Erde, Steinmehl oder Tonmehl je nach Bodenart (vergleiche Kapitel 1 u. 2) und Kompoststarter aufgesetzt. Er ist ein idealer Dünger für Starkzehrer (vergleiche Übersicht 5).

Bekommt man Pferdemist und hat viel Fallaub

im Garten, sollte man die Mühe nicht scheuen, einen Laubkompost anzusetzen. Dafür wird das Laub schichtenweise mit dem Mist und etwas Erde aufgesetzt und gut durchgefeuchtet. Selbst ohne Pferdemist sollte sich jeder überlegen, einen Laubkompost anzusetzen, anstatt das wertvolle Material der städtischen Müllabfuhr zu schenken. Diesem wird dann etwas Kalk und Horn- und Knochenmehl zugesetzt. Solch ein Haufen kann auch in der Zeit, in der das Laub zusammengerecht wird, langsam wachsen. Kräuter und Stauden danken jedem Gärtner die Düngung mit diesem Kompost.

Es kann sich jetzt auch jeder Anzuchterde für das Frühjahr zusammenstellen. Dazu nimmt man ⅓ fertigen Kompost, ⅓ Sand, außerdem wenig Kalk und ⅓ Rindenkompost; dazu kommt etwas Horn- und Knochenmehl oder Rhizinusschrot und etwas Steinmehl. Das ganze wird gut gemischt und zu einem Haufen aufgesetzt.

Zum Schluß wird der Platz von restlichem Unkraut gereinigt. Alle Komposte, auch die in den Silos, werden abgedeckt und bis zum Frühjahr nicht mehr angerührt. Die über Winter anfallenden Abfälle werden an einer besonderen Stelle gesammelt.

Gemüsegarten

Bei trockenem Wetter werden alle Wurzelfrüchte geerntet und eingemietet, ähnlich wie die Kartoffeln. Eine solche Miete kann auch im Frühbeet angelegt werden, wenn dieses nicht mit Feldsalat besät oder mit Winterendivie bepflanzt ist. Man kann die Wurzelfrüchte auch bei guter Abdeckung an der Oberfläche im Boden belassen. Wird der Winter streng, besteht allerdings die Gefahr, daß man sie nicht herausholen kann.

Lagerkohlarten werden bis Mitte des Monats geerntet, da dann schon oft mit ersten Frösten und Schnee gerechnet werden muß. Sollen sie eingemietet werden, erntet man sie mit Strunk und Wurzeln. Nicht winterharter Rosenkohl kann ebenfalls mit Strunk eingemietet werden und ist so lange haltbar.

Will man im Winter Schnittlauch auf dem Fensterbrett vortreiben, werden jetzt die Ballen gestochen und lose im Freiland aufgeschichtet. Sie brauchen einen kräftigen Frost, um bei

Wärme wieder auszutreiben. So kann man nach und nach jeden Ballen hereinholen, eintopfen, abernten und im Frühjahr wieder ins Freie pflanzen. Auch Petersilie kann in Blumentöpfe gepflanzt und auf der Fensterbank gehalten werden. In milden Wintern ist sie allerdings bis zum Einsetzen von Frost und Schnee aus dem Freiland zu ernten.

Nach der Ernte wird der ganze Garten mit Schachtelhalmtee und Baldrianblütenextrakt gespritzt. Das ist ein gewisser Abschluß des Gartenjahres, so wie im Frühjahr auch wieder mit dieser Behandlung begonnen wird.

Jetzt wird es höchste Zeit für die Ernte der letzten Lageräpfel

Obstgarten

Das letzte Obst, auch der Lagerapfel, wird bis Mitte des Monats geerntet und in Kisten kühl und luftig gelagert; allerdings nicht zusammen mit Gemüse, da das bei der Apfelreife entstehende Ethylen bei Möhren einen bitteren Geschmack bewirkt und die anderen Gemüsearten schnell zum Reifen bringt. Es sollten auch nur einwandfreie Äpfel und Birnen für eine längere Lagerung vorgesehen werden.

Bei der Ernte werden alle Fruchtmumien gleich mitgeerntet. Aus der Kapuzinerkresse, die auf den Baumscheiben gewachsen ist, kann man jetzt einen Extrakt herstellen, indem man soviel kochendes Wasser auf Blätter und Stengel gießt, bis sie bedeckt sind. Das Ganze wird ¼ Stunde lang gut umgerührt. Mit diesem Mittel pinselt man die Blutlauskolonien aus. Außerdem wird der Wurzelhals der Bäume freigelegt, mit etwas Kalk bestreut und nur wenig abgedeckt. Bäume sollten nicht angehäufelt werden.

Ist das Laub abgefallen, werden alle Obstgehölze mit einer Mischung aus Schachtelhalm und Preicobakt gespritzt. Damit erreicht man jetzt noch vorhandene Schädlinge besser, als nach starken Frösten.

Auch die Brombeeren werden geschnitten. Dazu läßt man nur wenige lange Ranken stehen. Deren Seitentriebe werden auf 3–4 Augen zurückgeschnitten. Alle Triebe, die in diesem Jahr getragen haben, werden herausgeschnitten. Sie tragen selten noch ein zweites Mal. Der Wurzelhals der Brombeeren wird zum Winterschutz angehäufelt. Die verbliebenen Ranken am Spalier werden festgebunden.

Sollen im Frühjahr neue Bäume gepflanzt werden (besser ist es allerdings, wenn schon im Herbst gepflanzt wird), kann man jetzt die Pflanzlöcher ausheben. Der Aushub bleibt neben dem Loch liegen. In das Loch gibt man etwa 2–3 Schaufeln reifen Kompostes. Alles wird mit Mulchmaterial oder auch schwarzer Folie abgedeckt und bleibt bis zum Frühjahr liegen.

Herbst und Frühjahr sind gut geeignet für die Neupflanzung von Obstgehölzen. Beim Einkauf der Obstgehölze ist allerdings einiges zu beachten. Da sich die Obstbäume aus Samen nicht sortenecht heranziehen lassen, werden die Sorten vegetativ vermehrt, d. h. es werden Reiser geschnitten, die dann auf sogenannte Unterlagen veredelt werden. Dabei wirken sich die Wuchseigenschaften der Unterlagen auch auf das Edelreis aus. So hat man z. B. in England schwachwüchsige Apfelunterlagen gezüchtet, auf denen die Sorten nur noch etwa mannshoch werden, so daß die Äpfel ohne

Leiter gepflückt werden können. Sie sind allerdings auch nicht so standfest und ihre Lebensdauer ist kürzer. Auch die anderen Obstarten werden veredelt. Hier ist aber die Unterlagenzüchtung noch nicht so weit vorgeschritten wie beim Apfel (siehe Kap. 2).

Beim Einkauf sollte man sich deshalb nicht nur nach der Sorte, sondern auch nach der Unterlage erkundigen (Übersicht 15).

Will man einen reichen Obstertrag erzielen, muß auf die Befruchtungsverhältnisse einzelner Obstsorten geachtet werden. So gibt es selbstfruchtbare und selbstunfruchtbare Sorten. Die ersteren sind sich selbst genug, während die zweiten eine andere Sorte als Pollenspender brauchen, weil sie aus verschiedensten Gründen nicht mit sich selbst verträglich sind. So sind zum Beispiel alle Apfelsorten selbstunfruchtbar, d. h. auf einen Pollenspender angewiesen. Von den Apfelsorten sind aber ‚Gravensteiner‘, ‚Holsteiner Cox‘, und ‚Boskoop‘ als Pollenspender nicht geeignet.

Auch die Birnen sind alle selbstunfruchtbar. Hier ist nur die Sorte ‚Alexander Lucas‘ als Pollenspender ungeeignet. Es gibt aber auch Sorten, die gegenseitig unverträglich sind. Zu diesen gehören: ‚Williams‘, ‚Gute Luise‘, ‚Trevoux‘. Als Ausgleich tritt bei den Birnen allerdings Parthenokarpie (Jungfernfrüchtigkeit) auf, d. h. es werden auch Früchte ohne Bestäubung ausgebildet. Dieses tritt besonders bei folgenden Sorten auf: ‚Williams‘, ‚Trevoux‘, ‚Conference‘, ‚Alexander Lucas‘.

Alle Süßkirschen sind selbstunfruchtbar. Hier sind aber auch viele Sorten untereinander unverträglich. Da sich aber Süß- und Sauerkirschen gegenseitig befruchten können, sind diese schwierigen Verhältnisse im Hobbygarten in der Regel kein Problem.

Die Sauerkirschen sind alle selbstfruchtbar. Bei den Pflaumen gibt es alle Übergänge zwischen gar nicht über mehr oder weniger bis ganz selbstfruchtbar. Die Hauspflaume kann aber auch durch Schlehen oder Kirschpflaume bestäubt werden.

Beim Einkauf von Obstgehölzen ist also eine gute Beratung notwendig. Daher ist es am sichersten, in anerkannten Markenbaumschulen zu kaufen, wo diese Beratung gewährleistet ist.

Pflanzen eines Baumes:

1. Das Pflanzloch wird ausgehoben

2. Beschneiden der Wurzeln

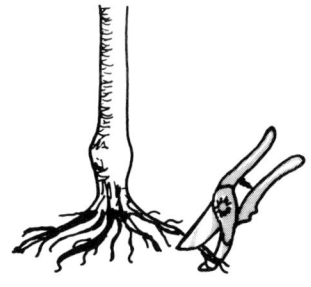

3. Der Baum ist eingesetzt worden. Das Loch wird mit Kompost, Rindensubstrat und Erde wieder angefüllt, so daß kein Hohlraum bleibt

4. Die Erde wird angetreten, so daß ein Gießrand entsteht

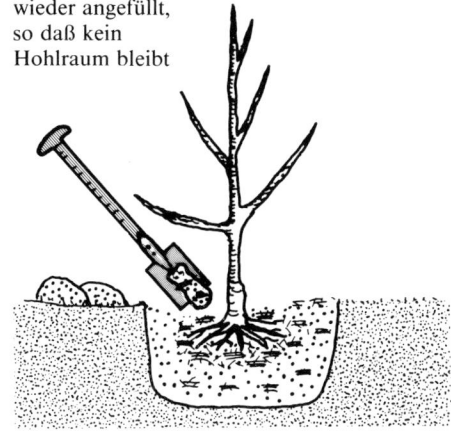

5. Der Baum wird angegossen (die Wurzeln eingeschlämmt). Er erhält soviel Wasser bis dieses im Gießrand stehen bleibt

6. Der Pfahl wird schräg (außerhalb des Wurzelraumes) eingesetzt. Er kann aber auch vor dem Pflanzen aufrecht im Pflanzloch eingerammt werden

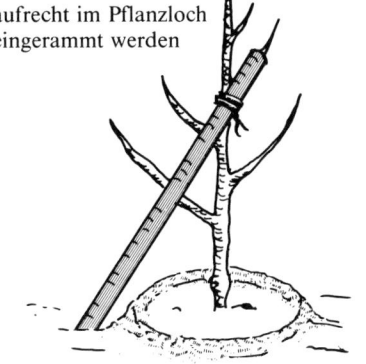

Das Abstechen einer Rasenkante

Ziergarten

Der Ziergarten wird jetzt ebenfalls winterfertig gemacht. Der Rasen erhält seinen letzten Schnitt. Das Laub wird regelmäßig vom Rasen geharkt, auf Baumscheiben und unter Sträucher oder für den Laubkompost. Wenn es auf dem Rasen liegenbleibt, schadet es diesem. Er fängt an, darunter zu verfaulen. Das Schnittgut des letzten Schnittes wird aus diesem Grund ebenfalls abgeharkt. Allerdings sollte man diese Arbeiten nicht zu genau nehmen. Dort, wo genügend Regenwürmer tätig sind, wird das Laub von ihnen verarbeitet. Es sollten noch einmal alle Kanten gut abgestochen werden. Auf dem Stück, welches für eine Rasenneueinsaat vorgesehen ist, werden die Lupinen jetzt gemäht, bis zum Anwelken liegen gelassen und dann flach eingegraben. Das ganze Stück erhält eine leichte Kompostdecke und wird mit Baldrianblütenextrakt gespritzt.

Die Knollengewächse, die im Frühjahr aus den Winterquartieren eingepflanzt wurden, müssen jetzt aus der Erde genommen und wieder eingewintert werden, da sie sonst erfrieren. Dieses sind Knollenbegonien, Dahlien und Gladiolen. Sie werden aus der Erde geholt und erst einmal an einem frostfreien Platz aufgestellt, bis alle Krautreste abgetrocknet sind. Diese werden dann abgestreift. Die so gereinigten Knollen werden in eine Kiste in trockenen Sand gesetzt und in einem kühlen Raum über Winter gelagert.

Geranien und Fuchsien werden zurückgeschnitten und in ihren Gefäßen ebenfalls in einem kühlen Raum gelagert. Sie sollten so gut wie nicht gegossen werden.

Die Staudenbeete werden von allen Unkrautresten gereinigt. Alle Stauden werden auf ca. 10-20 cm zurückgeschnitten, abgestorbene Blütenstände herausgezogen. Das Schnittgut wird auf 10-20 cm zerkleinert und so entweder auf den Kompost gegeben oder als Mulch zwischen die Stauden gelegt.

Neue Tulpen und Lilien können jetzt gesetzt werden.

Darüber hinaus können jetzt, sofern dies nicht bereits im September geschehen ist, auch viele andere Zwiebeln gesetzt werden. Die Pflanzzeit reicht aber noch bis weit in den November hinein. Beim Pflanzen muß darauf geachtet werden, daß für jede Art die geeignete Bodentiefe eingehalten wird.

Pflanztiefen für Blumenzwiebeln

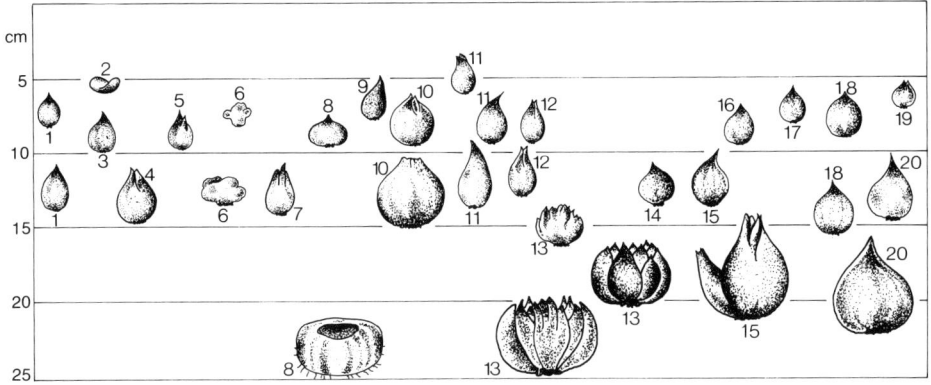

1. Blumenlauch (Állium), große Zwiebeln tief legen, 2. Knollenanemonen (Anemóne apennina und A. blánda), 3. Schneestolz (Chionodóxa), 4. Frühlingslichtblume (Bulbocódium), 5. Krokusse (Crócus), 6. Winterling (Eránthis hyemális) 5–7 cm tief, Kreuzungsart (E. × tubergénii) 10–13 cm tief, 7. Hundszahn (Erythrónium), 8. Kaiserkrone (Fritillária imperiális), Kiebitzei (F. meleágris), 9. Schneeglöckchen (Galánthus) im Halbschatten 7–8 cm, in der Sonne 10–11 cm, 10. Hyazinthen: Wildarten 8–10, größere Orientalis-Sorten 10–15 cm tief, 11. Knolleniris (Iris danfórdiae) 6–8, I. reticuláta 10 cm, I. hollándica und I. xiphium 12–15 cm, 12. Märzbecher (Leucójum vérnum) 8–10 cm tief, L. áestivum 10–12 cm, 13. Lilien (Lílium), 14. Traubenhyazinthe (Muscári botryóides, 15. Osterglocken, Gartenformen 20 cm, Zwergnarzissen, wie Narcissus bulbocódium, N. cyclamíneus, N. jonquílla, N. mínor, 10–15 cm tief, 16. Milchstern, Elfuhrblume, Stern von Bethlehem (Ornithólagum umbellátum), 17. Scheinszilla (Puschkínia scilloídes), 18. Blaustern (Scílla bifólia und S. sibírica) 8–10 cm tief, Glockenszilla (Hyacinthoídes hispánica) 12–15 cm, 19. Dreiblatt (Tríllium grandiflórum), 20. Tulpen (Túlipa): Wildtulpen 12–15 cm tief, Gartentulpen 20–25 cm, je nach Zwiebelgröße.

November

Arbeiten im November:

- Schwere, humusarme Böden umgraben
- Humose Böden lockern und abdecken
- Getrocknete Kräuter und Samen bearbeiten
- Obstbaumschnitt
- Stammpflege
- Rhododendren und Immergrüne bei Trockenheit gründlich wässern
- Rosen schneiden und anhäufeln
- Staudenbeete und Rosen mit Fichtenreisig abdecken
- Letzter Heckenschnitt

In unseren Breiten ist der Mensch, will er auch im Winter Gemüse und Obst aus eigenem Anbau zur Verfügung haben, gezwungen, Vorratswirtschaft zu betreiben. Lange Zeit ist in den Gärten der Anbau von Gemüse zugunsten von Rasenflächen und Staudenrabatten zurückgegangen. Jetzt wendet sich das Blatt langsam. Oft wird das, was angebaut wird, gleich verzehrt. Wird von einigen Arten soviel geerntet, daß ein Überschuß bleibt, bietet die Technik des Tiefgefrierens heutzutage eine schnelle, mit relativ wenig Arbeit verbundene Möglichkeit der Vorratswirtschaft. Sie wird häufiger den herkömmlichen Methoden des Einweckens und zu Saft- und Marmeladeverarbeitens vorgezogen. Eine weitere Methode ist das Dörren von Obst und Gemüse.

Beide Arten, sowohl das Tiefgefrieren als das Einwecken, sind für viele Obst- und Gemüsearten, wie Beeren, Bohnen, Erbsen, Rosenkohl und Tomaten sinnvoll. Einige spezielle Nahrungsmittel wie eingelegter Kürbis, Essig- und Salzgurken sind ohne diese Verfahren gar nicht denkbar. Auswählen sollte man dafür immer die besten Früchte, da das die Gewähr der längsten Haltbarkeit bietet, ebenso wie den guten Geschmack des Konservierten. Dieses gilt auch für die Produktion von Saft und Marmelade. Eine oder wenige schlechte Früchte können hier schon den Geschmack verderben.

Einige Gemüse- und Obstarten sind allerdings dazu geeignet, in frischem Zustand aufbewahrt zu werden. Hierzu gehören die Kartoffeln, nahezu alle Wurzelgemüse wie Möhren, Rote Bete, Schwarzwurzeln und Sellerie, aber auch Kohlrüben und Herbstrüben und verschiedene Kopfkohlarten. Beim Obst gehören die Lageräpfel dazu und bestimmte Birnensorten, die erst nach einiger Zeit der Lagerung ihr volles Aroma entfalten (Übersicht 14, Kap. 2).

Bei Lageräpfeln und den angesprochenen Birnen wird zwischen der Pflückreife — dem Zeitpunkt der Ernte — und der Genußreife — dem Zeitpunkt, an dem sie verspeist werden können — unterschieden. Die Genußreife stellt sich erst im Laufe der Lagerung ein.

Grundsätzlich sollten Obst und Gemüse getrennt gelagert werden, aus den schon im Oktober erwähnten Gründen. Am günstigsten ist ein kühler, trockener, luftiger Keller, in dem die Temperatur um +5 °C liegen. In der Praxis zeigt sich aber meist, daß ideale Lagerbedingungen nicht einzuhalten sind. Oftmals ist es schwierig, überhaupt einen Lagerplatz zu finden. Die meisten Haushalte sind heutzutage zu warm und daher ungeeignet. Bei einem Garten mit Gartenlaube kann eine Ecke derselben für die Obstlagerung verwendet werden. Das Obst wird in sauberen Kisten (eventuell mit Zeitung ausschlagen) übereinander gestapelt. Ist der Herbst warm, sollte öfter gelüftet werden. Vor der ersten stärkeren Frostperiode werden diese Kisten gründlich abgedeckt, z. B. an den Seiten mit Styroporplatten oder Decken. Selbst Zeitungspapier schützt. Ist trotzdem Frost eingezogen, kann es sein, daß er keinen Schaden anrichtet. Dann muß man warten, bis er wieder aus den Früchten herausgezogen ist. Schaden entsteht nur, wenn die Zellwände zerstört werden und dann beim Auftauen der Zellsaft ausläuft. Der Zellsaft gefriert aber erst bei einigen Graden unter Null, da die Stoffe, die in ihm angereichert sind, den Gefrierpunkt herabsetzen.

Die Gemüsearten lagert man am bequemsten entweder in einem Frühbeet eingeschlagen oder in den im September beschriebenen Mieten ein. Dieses kann im Freien im Garten an einer windgeschützten Stelle geschehen. Aus solchen Mieten darf man im Winter nur dann Gemüse holen, wenn die Außentemperaturen über 0 °C liegen, sonst dringt der Frost in die Miete ein. Hat man keine Möglichkeit, Mieten aufzusetzen, kann man die Wurzelgemüse in einer Kiste in feuchtem Sand einschlagen. Dazu läßt man das Herz mit einigen grünen Blättern an der Pflanze.

Hat man einen kühlen, trockenen, luftigen Keller, lagert man das Wurzelgemüse dort ebenfalls in Sand ein, Kohl und Kartoffeln in Kisten. Der Raum sollte öfter gelüftet und der Fußboden mit Weisser besprengt werden, damit das Lagergut nicht austrocknet. Ist der Raum oder das Lagergut feucht, besteht die Gefahr, daß es schnell durch Pilzbefall verfault. Hier hilft nur häufiges Lüften.

Die Vogelhäuser für die Winterfütterung werden gereinigt, aufgestellt und bei starkem Frosteinbruch schon einmal beschickt.

Gemüsegarten

Das ganze Gemüseland ist jetzt bis auf Grünkohl, winterharten Porrée und Rosenkohl, Feldsalat und Winterspinat abgeerntet. Winterendivien im Frühbeet können nach und nach geerntet werden. Stehen sie mangels Frühbeet im Freiland, werden sie durch Tannenreisig gegen stärkere Fröste leicht geschützt.

Hat der Garten einen humusarmen, schweren Boden, werden alle freien Flächen, für die eine Gründüngungseinsaat zu spät war, umgegraben. Hier kann im Winter der Frost angreifen. Er zersprengt die Schollen und hinterläßt im Frühjahr einen krümeligen Boden. Der Fachmann nennt dieses Frostgare.

Bei humusreichen Böden, wie sie nach langjähriger Kompostwirtschaft entstehen, sollte nicht umgegraben werden, da dadurch nur der fruchtbare, krümelige Oberboden in den Untergrund gebracht wird. Die Fläche wird vielmehr mit der Grabegabel gleichmäßig aufgelockert. Hier ist zu überlegen, ob eine Einsaat von Winterroggen noch sinnvoll ist (vergleiche Übersicht 2). Anderenfalls sollte der Boden mit grobem Mulchmaterial abgedeckt werden. Denkbar sind hierfür Laub, Stroh, Tannenzweige und Obstbaumschnitt oder Rohkompost. Der biologische Gärtner kann im Laufe der Jahre viel Phantasie entwickeln, was die Beschaffung von Abdeck- und Mulchmaterial anbetrifft. Oft können Nachbarn helfen, die sonst die anfallenden Abfälle in die Müllabfuhr geben würden.

Christrosen beleben unseren Garten in der dunkelsten Zeit des Jahres

Es wird jetzt auch alles getrocknete Gut durchgesehen. Die Kräuter sind, nachdem sie gut durchgetrocknet waren, in Kartons oder Holzkisten gelagert worden. Hängen sie zu lange an der Luft, verlieren sie ihr Aroma. Jetzt werden sie herausgenommen, von Stengeln und grobem Material befreit und in dunklen, geschlossenen Gläsern aufbewahrt. Sie sollten licht- und luftdicht abgeschlossen werden. Man kann auch Plastikgefäße nehmen, oder helle Gläser, die hinter geschlossenen Schranktüren auch dunkel stehen. So stehen sie für den Gebrauch in der Küche jederzeit zur Verfügung. Schimmelig gewordene Partien zeigen an, daß sie nicht genügend getrocknet waren. Sie werden entfernt. Küchenkräuter und Pflegemittelkräuter werden beschriftet und getrennt aufbewahrt.

Wie mit den Kräutern, wird auch mit dem selbstgezogenen Saatgut verfahren. Es ist jetzt getrocknet und wird bei Bohnen und Erbsen u. ä. ausgepahlt, erneut getrocknet, ausgelesen und gut beschriftet mit dem anderen Saatgut zusammen aufbewahrt. In jedem Fall werden nur die besten Körner aufbewahrt.

Um Tomatensamen zu ernten, füllt man das Mark mit den Kernen und etwas Wasser in ein Glas, stellt dieses an einem warmen Ort auf und rührt täglich um. Das Tomatenmark beginnt zu gären. Ist dieser Prozeß nach ca. 1 Woche abgeschlossen, werden die Samen in einem Sieb mit Wasser ausgespült und auf einer Zeitung zum Trocknen ausgebreitet. Dieses Verfahren ist notwendig, um die Gallerte, die die Tomatenkerne umhüllt, zu beseitigen, da sie keimhemmend wirkt.

Das gleiche Verfahren kann bei Gurken, Zucchini und Kürbis angewendet werden.

Obstgarten

Das Obst ist geerntet und die meisten Blätter sind von den Bäumen gefallen. Jetzt wird mit dem Schnitt der Kernobstbäume begonnen. Oft geht es nur darum, die Kronen so auszulichten, daß alle Partien im nächsten Jahr genug Licht und Luft bekommen. Ein alter Obstbauer sagte einmal: »Der Apfel muß so geschnitten werden, daß ich anschließend eine Mütze durch den Baum werfen kann.«

Alle dünnen Zweige und Äste werden »auf Astring geschnitten«, d. h. an der Basis im rechten Winkel zur Wuchsrichtung abgeschnitten. Bei dickeren Ästen läßt man im Winter ei-

Rückschnitt der Rosen im vorhergegangenen Herbst und im Frühjahr; es wird nach Möglichkeit auf außenliegende Augen zurückgeschnitten

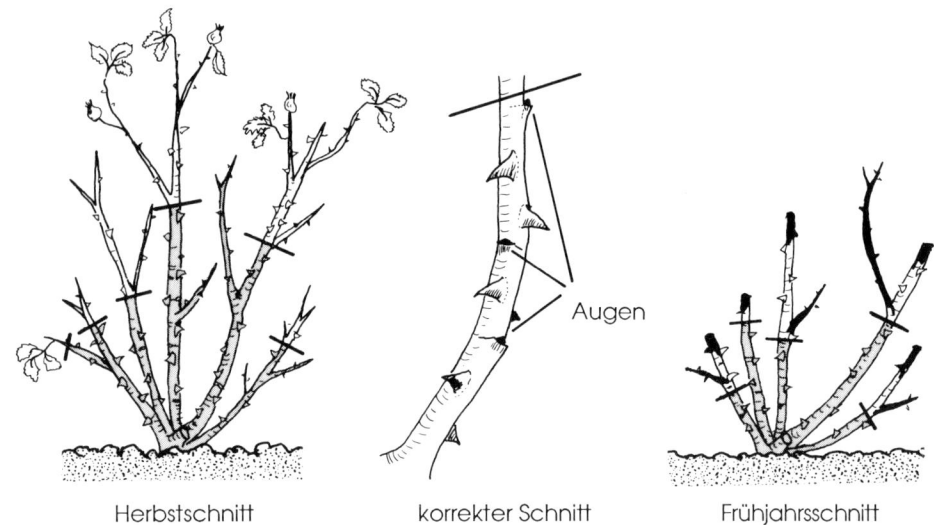

Herbstschnitt   korrekter Schnitt   Frühjahrsschnitt

nen Zapfen stehen, der dann im folgenden Sommer wie oben beschrieben entfernt wird (siehe Juni).

Alle Stämme werden jetzt abgekratzt und abgebürstet. Dadurch werden sie von der losen Borke befreit, die im Winter einen idealen Unterschlupf für Insekten darstellt. Nach dem Abkratzen werden die Stämme mit einem Brei aus Preicobakt angestrichen. Dieser Brei kann recht dünnflüssig sein. Es reicht, wenn er an Pinsel oder Bürste haftenbleibt und einen leicht hellen Belag auf den Stämmen hinterläßt. Er dient dazu, die Bäume zusätzlich über den Stamm mit zu ernähren und vor Frostrissen (durch die helle Farbe wird die Sonnenstrahlung reflektiert) zu schützen.

Ziergarten

Alle Arbeiten des Vormonats werden jetzt endgültig abgeschlossen. Die Rhododendren werden vor Winterbeginn gründlich gewässert, so daß sich die Wurzelballen vollsaugen können. Die Beetrosen werden auf etwa 7 Augen zurückgeschnitten und am Grunde angehäufelt, so daß die Veredlungsstellen vor Frost und

Austrocknung geschützt sind. Man kann sie auch mit »Tannenreisig« (meistens handelt es sich dabei um Fichtenzweige) leicht bedekken.

Hochstämme werden kurz vor stärkeren Frösten niedergelegt. Die Kronen werden mit Erde, die Stämme mit Tannenreisig geschützt. Kletterrosen werden mit Tannenreisig eingebunden.

Gegen Ende des Monats sollten Stauden mit Tannenreisig oder Laub abgedeckt werden, um sie vor Winterfrösten zu schützen. In einem milden Winter kann man damit auch noch bis nach Weihnachten warten. Naturgemäß kommt die größte Kälte oft erst im Januar und Februar. Es hat aber auch schon Wintereinbrüche Mitte November gegeben. Die Hecken vertragen, wenn sie früh im Jahr geschnitten wurden, noch einen Rückschnitt vor dem Winter. Auch freiwachsende Hecken, die nicht durch einen bestimmten Schnitt in Form gebracht werden, sollten jetzt ausgelichtet werden. Altes und totes Holz wird herausgeschnitten. Sie sollten so freigeschnitten werden, daß die untersten und innersten Zweige im nächsten Jahr genügend Licht bekommen. Wird solche Hekke zu hoch, kann sie auch radikal gestutzt werden. In den schleswig-holsteinischen Knicks, die ein gutes Vorbild für diese Art der Hecke sind, werden die Bäume und Sträucher ca. alle 7 Jahre am Grund abgeschnitten, um dann aus den Wurzelstöcken neu auszutreiben.

Dezember

Arbeiten im Dezember:
- Vogelfütterung
- Gerätepflege
- Handpumpe abschrauben
- Wasser abstellen
- Wasser aus Tonnen und Rohren entleeren
- Obstbaumschnitt
- Kresse auf der Fensterbank
- Schnittlauch, Petersilie treiben

Wieviel Arbeit im Garten noch möglich ist, wird jetzt sehr stark durch die Witterung bestimmt. Die Tage sind schon sehr kurz. Die Wintersonnenwende mit dem kürzesten Tag und der längsten Nacht und damit der Beginn des Winters stehen vor der Tür. Durch diese natürlichen Gegebenheiten ist der Mensch darauf angewiesen, mehr im Haus als im Garten tätig zu sein.

Die Vogelfütterung setzt gezielt ein, es sei denn der Winter ist ausgesprochen milde. Nicht nur das Vogelhaus wird beschickt, es werden auch Ringe für die Meisen aufgehängt. An den Futterplätzen ergeben sich die besten Möglichkeiten zur Vogelbeobachtung.

Im Geräteraum werden alle Gartengeräte nachgesehen, gereinigt und falls notwendig repariert. Gereinigte Hacken, Grabegabeln und Harken werden mit Altöl gepinselt, um sie vor dem Rosten zu bewahren. Sämaschinen, Wasserpumpen, Rasenmäher u. ä. werden auseinandergenommen, gefettet und auf Funktionsfähigkeit geprüft.

Am Ende dieser Arbeiten sollten alle Geräte, voll funktionsfähig, bereit für die Frühjahrsarbeit sein. Hat man eine Handpumpe im Garten, wird der obere Teil vor dem ersten stärkeren Frost abgeschraubt, da sie sonst durch das sich bei Frost ausdehnende Wasser zerstört werden kann. Der verbleibende Teil wird mit einer Folie zugebunden, um ihn vor Schmutz zu bewahren. Der Dichtungsring und die Schrauben werden eingefettet. Vom Frost gefährdete Wasserhähne werden abgestellt. Aus verlegten Beregnungsrohren wird alles Wasser herausgelassen. So kann auch dieser Bereich in Winterruhe gehen.

Gemüsegarten
Die Lagerbestände werden jetzt regelmäßig kontrolliert und das Lager bei milder Witterung gelüftet.

Auf dem Fensterbrett kann Kresse angezogen werden, damit neben Schnittlauch und Petersilie ständig weiteres Grün für die Ernährung vorhanden ist.

An frostfreien Tagen wird der Feldsalat geschnitten und die letzten Winterendivien geerntet.

Obst- und Ziergarten
An frostfreien Tagen gehen die Schnittarbeiten an Hecke und Obstbäumen weiter. Alles, was jetzt bei milder Witterung geschafft wird, braucht im arbeitsreichen Frühjahr nicht mehr getan zu werden.

Es können auch die ersten Zweige der Forsythien und anderer Sträucher zum Vortreiben in der Vase geschnitten werden. Schöne Äste, die beim Obstbaumschnitt anfallen, eignen sich ebenfalls dafür. Schneidet man die ersten Zweige zum 4. Dezember, hat man den blühenden Strauß zu Weihnachten.

4
Kleines Biogarten-Lexikon

Abhärten:
Gewöhnung von geschützt angezogenen Jungpflanzen (Frühbeet, Fensterbrett) an ungeschützte Außenwelt.

Abranken:
Bei Erdbeeren das Abschneiden der Ausläufer direkt an der Mutterpflanze.

Astring:
Wülstig aufgetriebene Basis eines Zweiges oder Astes.

Ausläufer:
Bei Pflaumen Wurzelschößlinge, d. h. Bildung von neuen Bäumen durch Austrieb aus den Wurzeln. Bei Erdbeeren, von der Mutterpflanze ausgehende Ranken an denen junge Pflanzen gebildet werden und solange mit der Mutterpflanze verbunden bleiben, bis sie eigene Wurzeln gebildet haben.

Biologische Schädlingsbekämpfung:
Förderung oder Einsatz von Organismen, mit dem Ziel, die Zahl der Schaderreger so klein zu halten, daß es zu keinen ernsten Schädigungen der Kulturpflanzen kommen kann.

Durchwuchs:
Bei Tomaten, wenn aus der Blütentraube wieder Stengel und Blätter wachsen.

echt fallen:
Aus den Samen entwickeln sich Pflanzen, die äußerlich den Mutterpflanzen entsprechen.

Einjährig:
Einjährige Pflanzen kommen in einem Jahr von der Aussaat bis zur Blüte und Samenreife und sterben anschließend ab.

Enzym (Ferment):
Von der lebenden Zelle erzeugte besondere Eiweiße, die die Reaktionsgeschwindigkeit von Stoffwechselvorgängen lenken können und nach Ablauf unverändert zurückbleiben.

F_1:
1. Tochtergeneration nach einer Kreuzung.

Fruchtkuchen:
Alte Fruchtstände beim Kernobst.

Fruchtfolge:
Die auf einige Jahre vorausgeplante Aufeinanderfolge der Gemüsearten. Es werden einseitige (fortgesetzte Aufeinanderfolge der gleichen Gemüseart = Monokultur) und vielseitige Fruchtfolge (Aufeinanderfolge verschiedener Gemüsearten) unterschieden.

Fruchtwechsel:
Anbau jährlich wechselnder Früchte auf dem gleichen Beet. Gemüsearten mit langer Wachstumszeit wie Kohl, Erbsen, Möhren sollten nicht vor Ablauf von 7 Jahren auf dasselbe Beet gesät oder gepflanzt werden.

Gründüngung:
Einbringen von grüner Pflanzenmasse in den Boden. Dadurch wird dem Boden leicht zersetzbare organische Substanz zugeführt, die das Bodenleben anregt und damit die Bodengare fördert, sowie den Kulturpflanzen eine langsam fließende Nährstoffquelle bietet.

Hauptkultur:
Siehe Kulturfolge.

Hochbeet:
Mit Holzrahmen umgrenztes Hügelbeet; Vor-

teil gegenüber dem Hügelbeet: Leichtere Bearbeitkeit.

Hügelbeet:
Aus grobem und gehäckseltem Schnittholz sowie Laub, Rasen und Staudenschnittgut sowie Kompost aufgeschichteter Hügel, der meist mit Gemüse bepflanzt wird. Vorteile: Vergrößerung der Beetflächen, sinnvolle Verwertung von Garten-»Abfällen«,»Warmer Fuß« durch Zersetzungsprozesse im organischen Material des Hügelbeetes.

Humus:
Durch Verwesung tierischer und pflanzlicher Stoffe entstanden schwarzbraune organische Bodenbestandteile.

Innenblattnekrose:
Verbräunen und Absterben der Blätter oft zuerst im Inneren eines Kohl- oder Salatkopfes.

Ionen:
Physikalisch-chemischer Begriff für elektrisch geladene Atome in Lösung.

Keimfähigkeit:
Fähigkeit der Samen auszutreiben und Pflanzen hervorbringen zu können.

Klon:
Genetisch einheitliche Nachkommenschaft (siehe auch Unterlage).

Kohlhernie:
Krankheit an Kohlgewächsen. Ein im Boden lebender Schleimpilz verursacht starke Wurzelverdickungen, die zu Minderertrag führen.

Kompoststarter:
Handelspräparate, die dem Kompost in geringen Mengen zugeführt werden und dann die Umsetzungsvorgänge steuern und beschleunigen sollen.

Knolle:
Verdickung der unterirdischen Sproßachsen (Kartoffel) oder Wurzeln (Dahlien). Siehe auch Zwiebel und Wurzelstock.

Kulturfolge:
Aufeinanderfolge der Gemüsearten innerhalb eines Jahres, wobei zwischen Vor-, Haupt- und Nachkultur sowie Nebenkultur zu unterscheiden ist.

»Kunstdünger«:
Siehe mineralische Dünger.

Mineralische Dünger:
Leichtlösliche Handelsdünger (»Kunstdün-

ger«), die den Kulturpflanzen schnell zur Verfügung stehen, z. T. leicht ausgewaschen werden und dadurch vor allem bei unsachgemäßem Einsatz die Umwelt und das Grundwasser belasten und die Kulturpflanzen durch Überernährung schwächen können.

Mischkultur:
Anbau von Gemüse nicht beetweise, sondern reihenweise. Dabei ist darauf zu achten, daß Gemüsearten nebeneinander stehen, die sich gegenseitig günstig im Wachstum beeinflussen oder den Schädlingsbefall mindern.

Monilia:
Weißer Polsterschimmel an Obst als Fruchtmonilia. Befällt alle Obstarten. Pilzsporen gelangen über die Blüten und die Früchte, bei Steinobst auch ins junge Holz und rufen dort die sog. Spitzendürre (abgestorbene Triebspitzen) hervor.

Monokultur:
Siehe Fruchtfolge.

Mulchen:
Bedecken der Bodenoberfläche mit nicht oder wenig zersetztem organischen Material wie Laub, Rasenschnitt, gehäckseltem Schnittgut oder Rindenmaterial, um den Wasserverlust durch Evaporation und die Aufheizung des Bodens durch Besonnung zu vermeiden und Unkrautwuchs zu unterdrücken.

Nachkultur:
Siehe Kulturfolge.

Natürliche mineralische Dünger:
Bodenverbesserungsmittel und Quellen langsam fließender Nährstoffe für das Bodenleben und die Kulturpflanzen. Hierher gehören Steinmehle (siehe dort).

Nützlinge:
Im Garten freilebende Tiere, die Schädlinge unserer Kulturpflanzen verzehren wie Igel, Spitzmaus, Fledermaus, Maulwurf, Singvögel, Eidechse, Blindschleiche, Kröten, Frösche, Florfliegen, Marienkäfer, Laufkäfer, Ohrwurm, Schlupfwespen, Schwebfliegen, Spinnen und Raubmilben. Sie sind im Garten unbedingt zu schützen und zu fördern (Nistgelegenheiten, Unterschlupf).

Obstbaumkrebs:
Pilzkrankheit, die am Anfang dunkelbraun verfärbte Flecken (Rindenfäule) bewirkt, die von Blattnarbe, Kurztrieben, Astwinkelrissen oder

Schnittwunden ausgeht. Die abgestorbene Rinde trocknet und reißt auf. Wulstförmige Wucherungen an den Befallsstellen.

Organische Dünger:
Hierher gehören pflanzliche und tierische »Abfälle« wie Knochenmehl, Blutmehl und Fischmehl, Guano, Stallmist, Kompost, Gründünger, Jauche und Gülle.

Organisch-mineralische Dünger:
Handelsdünger aus organischer Substanz, der Mineraldünger zugesetzt sind.

pH-Wert:
gibt an, ob ein Boden sauer, neutral oder alkalisch ist; saurer Boden: pH kleiner 7 (= Neutralpunkt); alkalischer (basischer Boden: pH größer 7.

Pilliertes Saatgut:
Das Saatgut ist mit einer vom Menschen hergestellten Schicht umgeben, die auch chemische Mittel zur Pilzbekämpfung und Wuchsförderung enthalten kann.

Ruheperiode:
Durch äußere Faktoren hervorgerufene Zeiten, in denen Samen nicht keimen und Pflanzen nicht austreiben.

Samenunkraut:
Unkraut, welches sich überwiegend durch Samenbildung vermehrt.

Schoßresistenz:
Widerstandsfähigkeit gegen das Schossen. Das Schossen ist bei Blatt- und Wurzelgemüse der Übergang zur Blüten- und Samenbildung.

Stauden:
Pflanzen, die im Herbst die oberirdischen Teile einziehen, und im Frühjahr aus dem Wurzelstock neu austreiben. Sie können viele Jahre alt werden.

Steinmehl:
Zermahlenes Gesteinsmaterial, das für die Pflanzen eine langsamfließende Quelle für Mineralstoffe (anorganische Nährstoffe) darstellt (siehe auch natürliche mineralische Dünger): Basaltmehl, Tonmehl, Lavamehl, weicherdige Phosphate.

Stippigkeit:
Tritt beim Apfel auf und äußert sich in bräunlichen Flecken, die die ganze Frucht durchziehen können.

Symbiose:
Zusammenleben zweier Organismen zu gegenseitigem Nutzen.

Trockensubstanz:
Pflanzensubstanz, die nach dem Heraustrocknen sämtlichen Wassers übrig bleibt.

Unterlage:
Vor allem bei Obstgehölzen, darüber hinaus aber auch bei manchen Ziergehölzen sowie bei Gurken, werden auf bewurzelte Sämlinge oder Klone (durch Stecklinge vermehrte Unterlagen) »Reiser« der Sorte (Edelsorte) veredelt. Die Unterlage hat vielfältige Einflüsse auf die Edelsorte, die in »Symbiose« mit der Unterlage lebt.

Verdunstungskälte:
Kälte, die entsteht, weil die Verdunstung von Wasser der Umgebung Energie entzieht.

Veredeln:
Siehe Unterlage.

Vorkultur:
Siehe Kulturfolge.

Wasserschosse:
Starke, senkrechte Austriebe auf altem Obstholz.

Wurzelstock (Rhizom):
Zum Speicherorgan umgebildete meist verdickte Sproßachsen, die sich von Wurzeln durch ihre Gliederung und schuppenartige Niederblätter unterscheiden.

Wurzelunkraut:
Unkraut, das sich überwiegend durch Neuaustrieb aus Wurzeln oder Wurzelstücken vermehrt.

Zeigerpflanzen:
Pflanzenarten, deren Auftreten auf bestimmte Eigenschaften des Standortes hinweist, z. B. auf Bodenverdichtungen.

Zweijährig:
Pflanzen, die im ersten Jahr nur Blattsproß und Wurzel bilden und erst im zweiten Jahr zur Blüten- und Samenbildung kommen und danach absterben.

Zwiebel:
meist unterirdische, stark gestauchte Sproßachse, die aus »Zwiebelschalen« (zu Speicherorganen umgewandelten Blättern) aufgebaut ist.

Literaturhinweise

ABTEI FULDA (Hrsg.), 1976: Beerenobst im naturgemäßen Anbau. Fulda

ABTEI FULDA (Hrsg.), 1977: Obstbau-Kalender auf biologischer Grundlage. Fulda

ABTEI FULDA (Hrsg.), 1977: Gemüsebau auf naturgemäßer Grundlage. Fulda

BEBA, H. und H. ANDRÄ, 1982: Hügelbeetkultur. Mannheim: Waerlandverlagsgenossenschaft.

CASPARI, F., 1969: Fruchtbarer Garten. München: Wirtschaftsverlag Klug.

FRANCK, G., 1980: Gesunder Garten durch Mischkultur. München: Südwestverlag.

FRIEDRICH, G., 1990: Der Obstbau. Berlin und Hamburg: Verlag Paul Parey.

GARDINER, R., 1978: So wird der Rasen perfekt. Berlin und Hamburg: Verlag Paul Parey.

GROUNDS, R., 1984: So schneidet man Zier- und Obstgehölze. Berlin und Hamburg: Verlag Paul Parey.

DE HAAS, P. G., 1978: Naturgemäßer Obstbaumschnitt. München: BLV Verlagsgesellschaft.

HERBEL, D., 1980: Sommerblumen. Stuttgart: Verlag Eugen Ulmer.

v. HEYNITZ, K. und G. MERCKENS, 1987: Das biologische Gartenbuch. Stuttgart: Verlag Eugen Ulmer.

HÖHNE, J. und P. G. WILHELM, 1982: Zwölf Monate im Garten. Berlin und Hamburg: Verlag Paul Parey.

KÖNEMANN, E., 1974: Ernte 3 × durch Mischkultur. Stuttgart: Braumüllerverlag.

LINDNER, U., 1983: Unser Kräutergärtlein. Bonn: Rheinischer Landwirtschaftsverlag.

MÄKELER, M., 1990: Fruchtbarer Gartenboden durch richtige Düngung. Berlin und Hamburg: Verlag Paul Parey.

PFEIFFER, E., 1969: Die Fruchtbarkeit der Erde. Dornach: Verlag R. Geering.

PFEIFFER, E. und E. RIESE, 1979: Der erfreuliche Pflanzgarten. Dornach: Phil.-Anthrop. Verlag.

SCHMICK, H., 1990: So wird ein Steingarten angelegt – Ein naturgemäßer Lebensraum für Pflanzen und Tiere im Garten. Berlin und Hamburg: Verlag Paul Parey.

SCHMID-HENGELLER, O., 1979: Biologischer Pflanzenschutz im Garten. Aarau: Verlag Wirz.

SEIFERT, A., 1977: Gärtnern, Ackern – ohne Gift. München: Biedersteinverlag.

VOITL, H. und W. GUGGENBERGER, 1980: Das große Buch vom biologischen Land- und Gartenbau. Wien: Orac Pietsch Verlag.

STAMM, E., 1986: Erfolgreiches Gärtnern auf Hochbeeten. Berlin und Hamburg: Verlag Paul Parey.

WENDT, H. und H. HILDEBRANDT, 1982: Biologischer Gartenbau unter Glas und Folie. München: Südwestverlag.

Organisationen des biologischen Pflanzenbaues in Deutschland, der Schweiz und in Österreich

Bundesrepublik Deutschland:

Forschungsring für biologisch-dynamische Wirtschaftsweise e. V.
Baumschulenweg 11
D-6100 Darmstadt

Bioland Verband f. organ.-biolog. Landbau e. V.
Fördergemeinschaft organisch-biologischer Land- und Gartenbau
Postfach 1239, Barbarossastr. 14
D-7336 Uhingen

Stiftung Ökologischer Landbau
Postfach 3048, Eisenbahnstr. 28–30
D-6750 Kaiserslautern

Arbeitsgemeinschaft für naturgemäßen Land-, Obst- und Gartenbau e. V.
Ritterstr. 12
D-7601 Schutterwald

Arbeitsgemeinschaft für naturnahen Obst-, Gemüse- und Feldfruchtanbau e. V.
Anton-Reuter-Str. 18
D-5400 Koblenz 1

Forschungsstelle für Biologische-Dynamische Gemüse-Samenerzeugung
2971 Emden 1

Schweiz:

Produzentenverein für biologisch-dynamische Wirtschaftsweise
CH-1099 Mollie-Margot VD

Organisch-biologischer Landbau
CH-3506 Grosshöchstetten BE

Forschungsinstitut für biologischen Landbau
Bernhardsberg
CH-4104 Oberwil BL

Österreich:

Österreichischer Demeterbund
Rosensteingasse 43
A-1170 Wien

Verband organisch-biologisch wirtschaftender Bauern Österreichs
Rosensteingasse 43
A-1170 Wien

Verzeichnis der im Text aufgeführten Pflanzennamen

(deutsche und wissenschaftliche Pflanzennamen, wissenschaftliche kursiv)

Sachregister

In der Reihe

**Pareys
bunte
Gartentips**

sind bisher erschienen:

Die Reihe wird fortgesetzt